「実家の茶の間」日誌（2020年2月〜2022年10月）

み〜んなで生きてこ

篠田 昭

幻冬舎ルネッサンス新書
262

「実家の茶の間」日誌――み～んなで　生きてこ（２０２０年２月～２０２２年10月）

目次

はじめに

「地域の茶の間」の創始者、河田珪子さん

「みんなで助け合い、いつまでもこの土地で一緒に暮らしたい」——そんな熱い思いを抱く方たちの手で、みんなの居場所「地域の茶の間」が日本海側の政令指定都市・新潟市で運営されている。新型コロナウイルス感染前の２０１９（令和元）年には新潟市内だけで５００か所、新潟県内では２８００か所を超え、取り組みは全国にも広がっていた。

その「地域の茶の間」の創始者が河田珪子さん（78）だ。河田さんの半生を早足で紹介しよう。

河田さんは１９４４年、新発田市生まれ。結婚して新潟市・長岡市で暮らした後、夫の転勤で大阪に移り住んだ。大阪府立特別養護老人ホーム（特養）で寮母として福祉の道を歩んでいた河田さんに34年前、大きな転機が訪れた。前の年に胃がんが見つかり入院・手

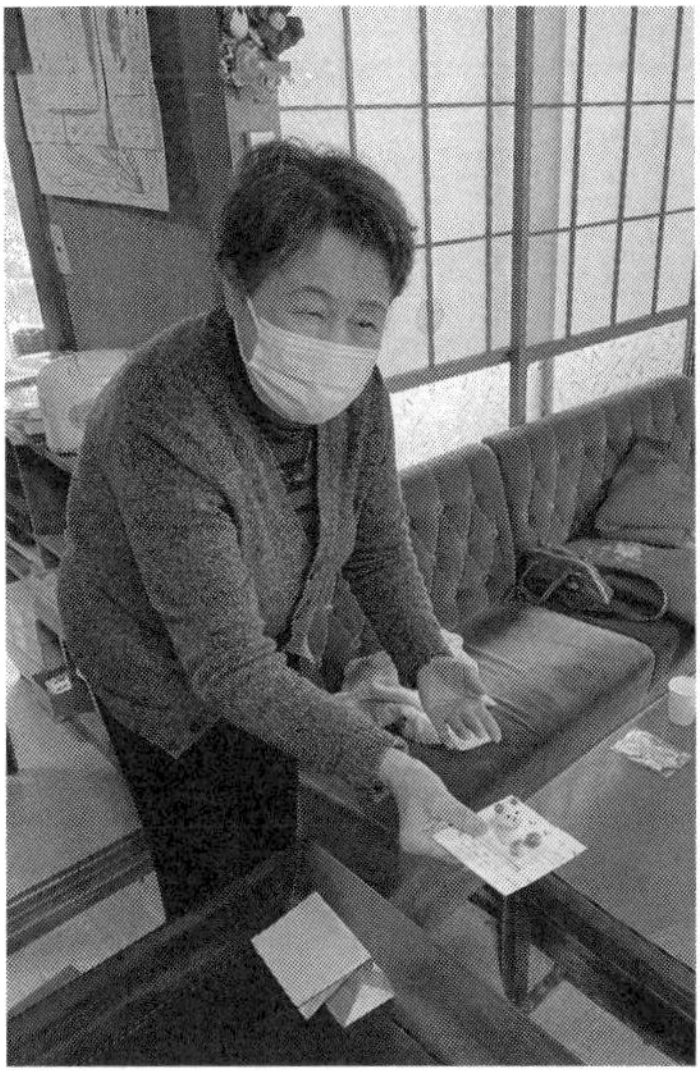

カードを差し出す河田さん

術したばかりなのに、今度は子宮がんが見つかったのだ。

今回は手術の後、ICU（集中治療室）に入り、3カ月入院せざるを得なかった。病もまだ癒えぬ時、夫の親御さんが患っていた認知症などが悪化。河田さんは特養を退職し、単身、新潟に戻って義父母の介護に当たることを決断する。

当時は介護保険制度もなく、「介護は家族でやるもの」「その役は嫁が担うことが当たり前」の時代だった。

「まごころヘルプ」を立ち上げ

河田さんは義父母の介護もしっかりやりながら、自らの人生も大切にし、悔いのないものにしたかった。「そう考えるのは、新潟でも私だけではないはず……」と思った河田さんが立ち上げたのが、有償ボランティアによる助け合い組織「まごころヘルプ」だった。これが河田さんの「助け合い人生」の始まりとなる。１９９０（平成２）年のことだ。「困った時はお互いさま」の精神で、「困ってま～す！と声を出せる自分」「困ってるよ！と声を挙げられる地域をつくろう」との河田さんの考え方・生き方に共感した人たちが集まって、まごころヘルプの活動が広まっていった。

　すると、まごころの事務所が自然発生的に「みんなの居場所」となっていった。世代や立場を超えて寛げる「居場所」の重要性に気付いた河田さんたちは、１９９０年代半ばから本格的な居場所づくりに乗り出す。自らが暮らす新潟市山二ツの自治会館で月に一度、自治会・老人クラブの協力で居場所の運営を始めた。それを地元紙記者が「地域の茶の間」と名付けてくれた。

「助け合い人生」のきっかけ

　河田さんはなぜ、「『困った！』と声を挙げられる気風づくり」にこだわったのだろう？きっかけは大阪時代の闘病生活にあった。河田さんはこう振り返る。

「夫は激務の上、東京に転勤になっていました。私は、まだ入院していて動けない。そんな時、子どもが学校の体操着を買うことになったの。でも、体操着のおカネを学校に払おうにも、銀行からおカネを下ろせない。本当に困りました。ちょうどその時、子どもの同級生のお母さんが見舞いに来てくれた。広島出身の方で、夫の会社の社宅でご一緒でした。すがるような思いで『銀行の私の口座からおカネを下ろしてきていただけませんか』と頼みました。でも、人さまの通帳や印鑑を預かるなんて、みんな嫌ですよね。その方もいったんは断られたのですが、こっちも必死でお願いし、やっと受けていただいたんです」と河田さん。おカネを巡る頼みごと・頼まれごとは最も気が重いことだ。河田さんが続ける。

「よその方に通帳を預けて、預金の額まで知られるのはとても嫌でしたが、ほかに解決する手段がなかった。その方は銀行からおカネを下ろしてきてくれ、そしてこう言われました。『私を信用してくれて、頼ってくれて、ありがとう』ってね。逆に礼を言われ、そして手帳を取り出された。それは被爆者手帳でした。

ご自身の秘密まで明かしてくれた……。私は、困った時に助けてくれる方がいることがいかにありがたいかを体験し、また、他人から頼みごとをされることがいかに信頼の証になるか――その両方を教えてもらったんです。これがきっかけでしょうか」

「うちの実家」を10年運営

河田さんの「助け合い人生」に戻ろう。まごころヘルプは助け合いニーズの増大に応えるため１９９２年、新潟市福祉公社に移管され、その自主事業となる。

河田さんは市福祉公社を退職する少し前の２００３年、自らの住まいに近い粟山地区の空き家を活用して、常設型で泊まることもできる地域の茶の間、「うちの実家」の運営を仲間たちと始めた。２０１３年までの10年間、お年寄りだけでなく、乳飲み子を抱えたお母さんや子どもたち、障がい者や外国人らが集う「居場所」として、全国から注目されていった。

一方、私は河田さんや地域の茶の間の存在を地元新聞社の記者として知る。河田さんは２０００年から始まる介護保険制度についても積極的に発言し、私も介護保険制度を構築する新潟市の審議会メンバーになったことから、河田さんとの接点が広がった。

そして２００２年、私は思いもよらず新潟市長選挙に手を挙げることになり、９月に地元新聞社を退社。11月の市長選では、「市民派」「無党派」の立場から「市役所改革」を掲げ、新潟市長に当選させていただいた。「うちの実家」の取り組みは、市長として知ることになる。

行政から1円の支援も受けずに、嬉々として「うちの実家」を運営している河田チームの姿に触れた私は、とかく上から目線で市民に接しがちだった当時の新潟市幹部職員の意識を変えるため、「うちの実家」を活用させていただいた。部長以上の幹部職員が「うちの実家」を訪れ、住民主体の活動の現場に身を置くことで、幹部職員の気付きに結び付ける研修だ。このことで、河田チームと新潟市との信頼関係が強固になったように思う。

河田チームと市の協働事業

「うちの実家」は２０１３年に惜しまれながらも活動を終えるが、ちょうどその頃、国は超高齢社会を乗り切るための「地域包括ケアシステム」の制度設計を終え、運営を担う市町村ではその準備に追われていく。新潟市でも、「地域で医療・看護・介護が受けられる包括ケアシステム」への始動が迫られていた。そんな時、河田さんからの相談が市役所に寄せられた。

「時代が大きく変わる今、何か、私たちにできることはないでしょうか?」とのお話だった。市役所チームがすかさず、「うちの実家のような居場所を、新潟市と協働運営することはできませんか」と打ち返し、新たなタイプの地域の茶の間が誕生することになる。河田さんには「地域包括ケアを進める上でカギとなるのは、うちの実家のような共生型の居場所と、お互いさまの助け合いだ」との思いが既にあったのだが、私はそこまで気付かずに、「包括ケア時代に地域の居場所は欠かせないポイント。うちの実家を復活いただけば、居場所の普及に大いに役立つ」レベルの考えだった。2014年6月、私は新潟市長として河田さんと面談。協働事業を始めることで意志一致した。

「実家の茶の間・紫竹」の誕生

それが新潟市の「地域包括ケア推進モデルハウス」第一号となる「実家の茶の間・紫竹」のスタートになった。東区紫竹の空き家を、地域の方を中心に延べ100人ほどの手で修繕し、さまざまな備品の寄付を得て、10月に新しい居場所が開設された。新潟市が家賃・光熱費などを負担し、運営は河田さんが代表を務める「実家の茶の間運営委員会」が担当する。運営費は利用者からの参加料などでまかなう方式だ。

河田さんに持っていただいた肩書、「新潟市・支え合いのしくみづくりアドバイザー」が、実家の茶の間の開設で力を発揮する。河田さんにはアドバイザーの肩書にふさわしく、「まごころヘルプ」時代から培ったノウハウと人脈を活かし、地域包括ケア時代にふさわしい

「実家の茶の間」の食事風景

「新しい助け合い」を実家の茶の間から創り出してもらった。

　河田チームが目指した大きな方向は、モデルハウスを拠点とした「歩いて15分以内の助け合い」だった。新潟市の全８区に設置されたモデルハウスを住民同士の助け合い拠点とし、取り組みを市全域に展開する壮大な実践が始まった。私の市長最終年度の２０１８年には、「助け合いの担い手」を育てる「助け合いの学校」が発足する。

　これも新潟市と河田チームとの協働事業だった。11月に私が市長を退任した後、「助け合いの学校」は新市長・中原八一氏に引き継がれ、２０１９年度までに11回開催され、延べ６５０人ほどの市民が受講している。

「お互いさま・新潟」へと進化

新潟市長を退任した私は、16年間着ていた裃《かみしも》を脱ぎ、一市民として河田チームの活動に加わるようになった。市長時代、河田さんとは年に何回か面談し、実家の茶の間の活動はある程度把握しているつもりだった。

しかし、実家の茶の間は5年間で活動の枝葉を大きく広げ、地域包括ケア推進に欠かせないものに深化していた。中でも「歩いて15分以内の助け合い」を目指す「お互いさま・新潟」の取り組みは、全国どこもやっていないものだ。

河田チームは２０１９年から実家の茶の間を、国が地域包括ケアを推進の先導役に位置付けた「生活支援コーディネーター（ＳＣ）」の実践研修の場とすると共に、「お互いさま・新潟」の事務局とした。助け合いの実践がいよいよ本格化してきたのだ。

新型コロナの感染が襲う

好事魔多し。このタイミングで新型コロナウイルスの感染が新潟市にも広がる。２０２

0（令和2）年2月24日、河田さんたちは「実家の茶の間・紫竹」の活動を自主的に休止するが、チームはそれ以降も実家の茶の間に詰め、困りごとに電話相談で応じていく。

しかし、新型コロナは勢いを増し、大型連休明けには「お互いさま・新潟」の活動も休止せざるを得なくなる。

ただ、河田チームは「実家の茶の間は、お年寄りたちの暮らしにとって欠かすことのできない場だ」との思いを持ち続け、新型コロナの感染がやや収まってきた同年6月、実家の茶の間は運営を再開することになる。

河田チームの熱い取り組みを見守るうち、「ただ、傍観しているだけでいいのか」との思いが私にも湧いてきた。

「新聞記者だった私にできることは、『地域共生社会を目指す、河田チームの苦闘の日々』を記録し、伝えることではないか」と考え、ブログを書くことを思いついた。それが「新潟の青空記者　篠田昭のつぶやき」と題したブログのスタートだった。

２０２０年夏以降も新型コロナはデルタ株、オミクロン株と形を変えながら猛威を振るったが、河田さんらは負けなかった。熱い思いを抱き、コロナ禍の下でも運営を続けたことで、「実家の茶の間・紫竹」の存在は改めて全国の福祉関係者から注目され、超高齢社会の〝希望の星〟となっていく。

「10周年まで、頑張る」

このことに協働事業者の新潟市も注目する。2022年12月には中原市長が河田さんと面談。これまでの労をねぎらうと共に、「地域包括ケアを推進するモデルハウスとして、10周年(2024年10月)までご苦労をお願いしたい」と要請した。

それを受けて、河田さんも「10周年に向け、しっかりと頑張ろう」との決意を改めて固め、河田チームも一丸となって進むことを年の瀬に確認した。2023年の年明け、実家の茶の間は元気に活動を開始した。今年も全国各地から数多くの視察・研修の予定が入っている。それは地域包括ケアに関わる方や地域にとって、河田チームの取り組みが全国でも稀有なものであり、大いなる参考になるからなのだろう。

この本は「実家の茶の間・紫竹」を運営する河田珪子さんたちの取り組みを追ったものだ。第1部「助け合いの『居場所』」はコロナ禍の中でも利用者のために実家の茶の間を守り抜いてきた日々の記録で、新潟市をコロナ禍が襲った2020年2月下旬から2022

年10月までを要約してある。

第２部「助け合いの歩み」は河田さんが30年以上追い求めてきた「助け合いの気風育て」の道のりを紹介したもので、このうち実家の茶の間に関する部分は２０１９年春から２０２０年６月頃までの様子を盛り込んである。

共に「新潟の青空記者　篠田昭のつぶやき」と題したブログの中の「実家の茶の間　再開」「実家の茶の間　新たな出発」「にいがた　助け合いの歩み」シリーズを基にし、その一部を収録してある。

第１部は「青空記者・篠田昭」が報告する形式を取り、第２部は拙著『緑の不沈空母にいがたの航跡』（幻冬舎・２０１９年）でフリーライター伊藤和弘さんらの協力を得たため第三者レポートの形とした。また、肩書・年齢などはブログ掲載時のままとさせていただいた。

今回の出版に当たって、幻冬舎の森村繭子さんらスタッフから大変なご支援をいただいた。河田さんら「実家の茶の間」関係者のご協力と共に深く感謝したい。

10周年（２０２４年10月）以後の「実家の茶の間・紫竹」がどんな風に姿を変えていくのか――それは今の時点でまだ分かっていない。ただ、河田さんたちの取り組みは、地域包括ケアが本番を迎える２０２５年度から最も必要とされる時期を迎えることは確かだ。

この本が、これからの「地域包括ケア時代」を「地域共生社会」として生き抜く思いを持つ方の参考になれば望外の喜びである。

２０２３年６月　水田が緑を濃くする新潟にて

新潟の青空記者（元新潟市長）　篠田　昭

第1部　助け合いの「居場所」

運営８周年に「関係者アンケート」　２０２２年８月〜９月

コロナ禍で迎えた８周年事業

「運営８周年はどうしましょう？」
「節目の時をどうやって迎えますかね？」

　２０２２年のお盆過ぎから、「実家の茶の間・紫竹」ではこんな会話が交わされるようになった。新潟市の地域包括ケア推進モデルハウス第一号である「実家の茶の間・紫竹」は、10月に運営８周年を迎える。コロナ禍に見舞われる前の周年事業は関係者が集い、新潟市長らを招いて、まさに祝祭のような賑わいだった。

　２０１９年の５周年の時は、３つの座敷を開け放った広間に百数十人もが集まった。みんなでお弁当を食べ、実家の茶の間の思い出話などを語り合った。コロナ禍の中でも２０２０年の６周年では黙食ながらカレー昼食を提供。

　前年の７周年はお昼は提供できなかったものの、「これまでを振り返り、これからを考える」写真展をメインにして、新潟市の地域包括ケア推進モデルハウス第一号である「実家の茶の間・紫竹」の運営の軌跡と展望を確認する取り組みとした。

このモデルハウスには健康寿命を延伸する「介護予防としての拠点」や、生活支援の重要な要素となる「住民同士の助け合いの拠点」などの役割が求められている。７周年写真展では、それらの要素もできるだけ可視化して紹介していた。

実家の茶の間運営委員会代表の河田珪子さん（78）ら運営チームは、８周年事業について本格的に考え始めていた。「今の状況で、人を集めることは前年以上に難しい」ことは皆が理解していた。

「では、どうするか……」８周年を考えるメンバーの脳裏には、コロナ禍の下での苦しかった２年半余の日々のことが思い浮かんでいたのではないか。

コロナ禍と闘った２年半余の日々

２０２０年２月、新型コロナウイルス感染が新潟県でも問題になり出して以降、河田チームは「実家の茶の間・紫竹」の運営にさまざまな角度から気を配り、「見えないトンネル」の中を手探りで歩き続けてきた。

そして同年２月24日を以て実家の茶の間の活動を自主休止した。参加者からは「茶の間が閉まると、私はどこも行くとこがない」「うちの中で寝てばかりになってしまった」との声が寄せられた。一方、利用者の家族には「年寄りが集まる場所が一番危ない。そこでコロナをもらってきたらどうする」との懸念が広がり、「万が一、うちの年寄りがコロナにかかっていて、茶の間で感染を広げたら大変な迷惑になる」との心配もあって「茶の間への出入り禁止」を言い渡す家もあった。

そんな中、同年６月に河田チームは実家の茶の間を再開させるのだが、その時も多方面から「本当に大丈夫なのか」と危ぶむ声が聞かれた。さらに感染の波は何度も繰り返し、その度に河田チームは対応に追われることになる。

国が２０２５年度を目標年度とする地域包括ケアシステム構築の道筋が見えなくなったことも河田チームを苦しめていた。国も、自治体もコロナ禍対応に追われ、２０２５年度に向けての工程表はかすんでいくばかりだ。それでも河田チームは、「茶の間はお年寄りをはじめ利用者にとって、暮らしに欠かせない大切な場所。ここを長く閉めていてはお年寄りの外出機会が失われ、心身の機能低下が取り返しのつかないことになってしまう。何としても、活動を再開させねば」との使命感に背中を押され、コロナ禍と「しなやかに」闘ってきたのだ。

「8周年は心の中を聞いていこう」

コロナ禍との闘いの日々を思い起こすうち、河田さんの8周年事業への思いが固まっていった。

「7周年では写真展を中心にして、これまでの活動を皆さんに目で確認いただきました。今度の8周年は目には見えないものを取り上げたらどうでしょう。皆さんの心の中のもの、胸の内をお聞かせいただいたら、と考えています。例えば、『あなたにとって実家の茶の間はどんな存在ですか？』とか、『ここに来て、どんなことを良かったと思われていますか？』などをですね。そうすると、実家の茶の間が社会資源として『どういう存在なのか』、あるいは地域包括ケア推進モデルハウスとして『どこまで役割を果たしているのか』を確認できると思うんです」と河田さん。

8月半ば以降、この思いをお当番チームに徐々に伝えていくと、お当番さんの大半がその考えに賛同した。

「利用されている方だけでなく、お当番さんやサポーターの方にもお聞きしたい。『どんな動機、どんなお気持ちでお当番・サポーターをやっておられるのか』などについてですね。皆さんの考えや目指すことが確認できると、これからの活動を広げていく上で大きなヒン

「実家の茶の間・紫竹」の様子

トになると思うんです」と河田さんは続けた。河田チームのメンバーと一緒に、それぞれの胸の内を聞く質問づくりが始まった。

河田さんは多くの関係者にも自らの考えを伝え、それぞれの専門分野での協力を求めていった。

8月の終わりには、

①　アンケート方式とするが、ただ回答を書いてもらうのではなく聞き書き方式でしっかりとお気持ちを聞き出す

②　質問への答えの例を数多く挙げて具体的に答えてもらう

③　多くの方にアンケートを受けていただくよう新潟医療福祉大の学生さんらの力

を借りる

などの方向が決まっていった。

単に数字を求めるのではなく、それぞれの「胸の内」を聞き出すことを重視した。

また、河田さんはお当番さんたちにも内緒でアンケートに一つの仕掛けを入れ込むことにしていた。それは「マズローの法則（欲求5段階説）」を設問に織り込むことだった。それがどう活かされたかは、最後の方で報告したい。

アンケートの設問は「茶の間をどこで知ったか」などの基礎的質問から入り、メインの質問ともいうべき「実家の茶の間に通い始めた理由」「実家の茶の間に来る前の心身の状態」「通い続けられる理由（深掘り）」などを続け、最後に「今後に向けて」自由に意見を述べてもらう形式にまとまった。

「助け合い」に肯定的回答

聞き書きは9月に行われ、53人から対応いただいた。その中から、実家の茶の間の果たしてきた驚くべき役割が浮かび上がってきた。

作業する利用者

「助け合いへの参加意思」を問う質問のうち、「実家の茶の間の活動に参加する中で、困った時に『助けて！』と言える人はできましたか？」に対し、35人（約66％）が「はい」と回答しているのだ。「いいえ」は一人もおらず、「わからない」が12人、「未回答」が6人となった。

さらに「困りごとを頼まれた時、できることは手助けしますか？」の問いには、なんと43人（約81％）が「はい」と答えている。「わからない」と「未回答」は各5人となった。続く「助け合いが生きがいにつながりそうですか？」の問いにも、35人が「はい」と答えている。

「なぜ、実家の茶の間に来るのか？」との問い（複数回答）には、「人に会えるから」が41人、「話ができるから」が34人と多いが、注目されるのは「誰かの役に立てるから」（24

人）「誰かに喜んでもらえるから」（21人）の多さだ。

さらに、「実家の茶の間に通い続けられるのはなぜ？」との深掘り質問には、「喜んでもらえることがある」にチェックした方が31人で最多となった。その内訳には「自分の得意なことで役に立てる」「花を持っていく」（共に14人）と「貢献型」に喜び・意義を見出す方が多いことが浮き彫りになった。「人とつながることで、今後の生活に張り合いや安心感ができた」には27人がチェックしている。

「実家の茶の間・紫竹」の活動には、お当番さんやサポーターだけでなく利用者も、「自らの自己実現」を求めて参加しているようだ。

マズローの法則に当ててみると

アンケートから明確な結果が浮かび上がった。「実家の茶の間・紫竹」の活動に参画していらっしゃる方はみんな、「自らの生きがいづくり・自己実現」を求めているのだ。

お当番さんやサポーターはもとより、利用者の方も実家の茶の間に来るのは、「みんなとお昼が食べられる」とか「一緒に話ができるから」のレベルではなく、「自分も誰かの役に立ちたい」「喜んでもらえると嬉しい」との気持ちで参加されているのだ。

ここで「マズローの法則（欲求5段階説）」の話に戻ろう。

「欲求5段階説」とは人間の欲求をピラミッド型に整理した心理学理論で、最下辺の「生理的欲求」から2段階目の「安全の欲求」、続いて「社会的欲求（所属と愛の欲求）」「承認欲求」が上位に来て、最上位に「自己実現欲求」を置くものだ。実家の茶の間の参加者の多くは、「欲求5段階」の最上位にいることが明らかになった。

河田さんはこの結果について、「利用者の方とお当番さんとの回答傾向にほとんど差がなかったことが、何より嬉しかった」と言い、「『茶の間にはお世話をする方も、お世話をされる方もいない。いるのは場の利用者だけ』という言葉を具現化してくれていました。実家の茶の間に関わって、人とつながることを自己実現として捉えてくれている方がこんなに多いって、素晴らしいですね。私も勇気付けられました」と笑みを広げた。

「みんな頑張った」誇らしい8周年　２０２２年10月17日

10月17日、新潟市の「実家の茶の間・紫竹」には浮き浮きした雰囲気が漂っていた。この日は実家の茶の間が運営8周年を迎える「記念日」だった。

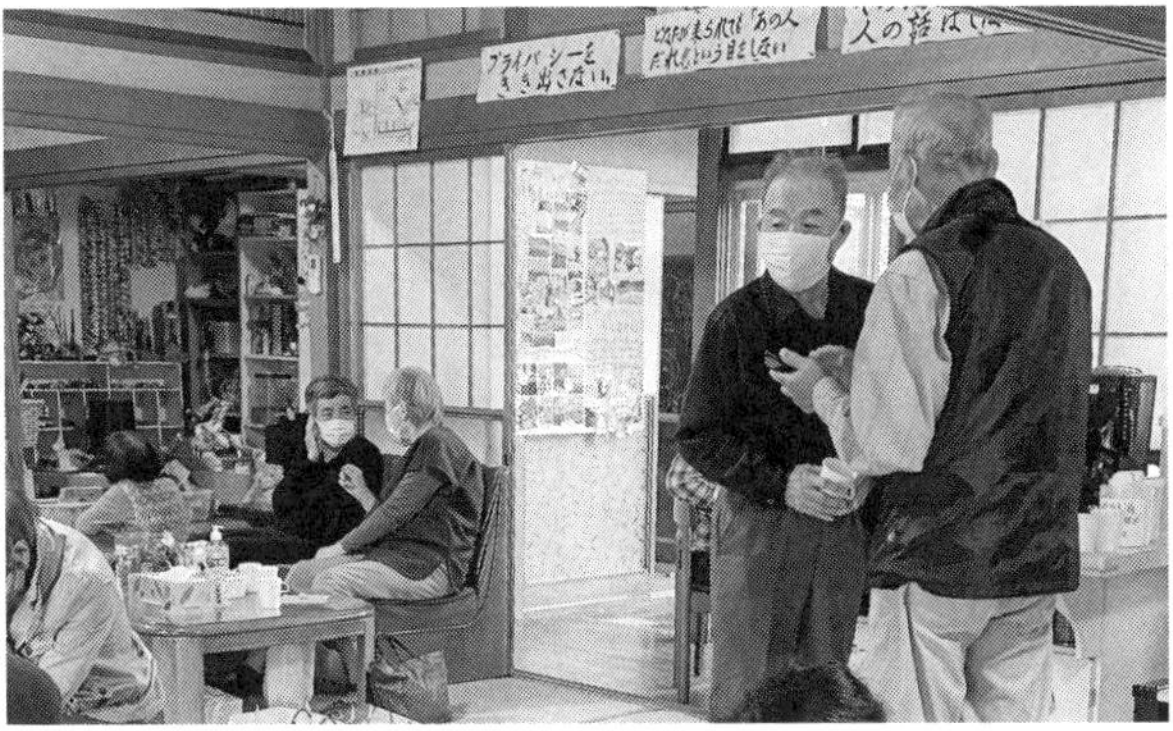

８周年で語り合うサポーター男性たち

玄関を入ると、お当番さんから「祝8周年」と書かれたマスク1箱と沖縄の代表的なお菓子サーターアンダギーをいただく。お菓子は実家の茶の間運営委員会代表の河田珪子さん手づくりのものだ。

そして、もう一つ、8周年ならではの「お土産」も参加者に手渡された。それは8周年を機に利用者やお当番さんらの生の声を聞いた例のアンケート調査結果だった。

「これからも、みんなで生きていこ！」

11時過ぎ、大広間には利用者やお当番さんら40人近くが集まっていた。コロナ禍前の周年事業には立錐の余地もないほどの人が集まったが、この3年はコロナ禍の下でも工夫しながら周年

８周年で挨拶する河田さん

のお祝いを続けてきた。

今年は一番人気のカレー昼食を前に、「にわかセレモニー」が始まった。河田さんが大広間の真ん中に立って挨拶を始めた。明るい表情だ。

「実家の茶の間は、皆さんが３つの約束事を守ってきてくれたから、８周年を迎えることができました」と河田さんが切り出した。３つの約束事とは、

「どなたが来られても、『あの人だれ！』という目をしない」

「プライバシーを聞き出さない」

「その場にいない人の話をしない」

のことで、「実家の茶の間の憲法」とも言うべきものだ。河田さんは続けた。

「これからも、みんなで助け合って生きていきま

しょう。この３つのルールを守る人同士なら困りごとがあっても助け合っていけますよね。これからも３つの約束事を大切にして、実家の茶の間を続けていきましょう」

素晴らしいメッセージだった。

石上先生からアンケート結果の紹介

河田さんは自らの挨拶を終えると、「次は新潟市長として、この実家の茶の間を新潟市の協働事業としてスタートさせてくれた篠田さんからお話をいただきます」と一方的に紹介した。河田さんはいつも「無茶ぶり」だが、挨拶をしないわけにはいかない。

「皆さんの８年のご協力で、実家の茶の間が居場所として、助け合いの場として、全国のモデルに育ったことに深く感謝しています」と述べさせてもらった。

次いで、今回のアンケートの取りまとめや分析に当たってくれた新潟医療福祉大の石上和男教授から「アンケート結果の講評」が語られた。

「一番びっくりしたのは、利用者とお当番さんとの間で、意識の差がなかったこと」と石上先生は言う。

「ここにはサービスの利用者はいない。いるのは場の利用者だけ」と、河田さんたちは実家の茶の間のモットーを謳っているが、石上先生は「お世話する側と、される側との垣根がないなんて、そんなはずはないでしょう」と内心思っていたという。

「でも、本当でした。どちらも実家の茶の間にいらっしゃることで何らかの役割を果たせることを喜びとし、自己実現の場としていることが今回のアンケートで分かりました。これはホント、驚きでした」と石上先生は語り掛け、参加者はみんなうなずきながら聞き入っていた。

　実家の茶の間に参加していることは、利用者とお当番さんにとって、共に誇りなのだ。今回の利用者アンケートは、実家の茶の間の「8年間の到達点」を示すものとなり、今後の運営の道標ともなるだろう。

　次いで、河田さんは地域の老人クラブ会長の宮田久夫さんを指名した。実家の茶の間の目指す方向の一つに、「地域の方に広く門戸を開放し、多くの方から活用されることで地域の宝となる」ことがある。今回のアンケートでも「老人クラブの集まり」や「地域の踊りの会」などに活用されている現状が確認された。宮田会長は語り出した。

「ここができる前は、集まりというと鉄道線路を越えていくところしかなかったんです。この施設ができて、河田さんたちが『地域の皆さんもお気軽にどうぞ』と言ってくれたお陰で、本当に便利になり、活動しやすくなりました。ここは老人クラブにとっても宝なんです」

発足時の秘話も明らかになった

挨拶の最後には新潟市政策調整監、望月迪洋さんが指名された。望月さんは、青空記者が地元紙に務めていた時の３期先輩で、ものを見る角度が青空記者とは違う方なので、地元紙を退職後に、市の政策調整監に就くことをお願いした方だ。

主に福祉や農業分野で市長の特命事項を担当する一方、市組織からは市長になかなか上りにくい課題について別ルートで伝える役割も担ってきた。篠田市政には欠かせない方だったが、今の中原八一市長からも同じポジションを依頼されている。

河田さんは望月さんの紹介で、「実家の茶の間・紫竹」発足時の秘話に触れた。

「私たちが運営してきた『うちの実家』の活動を終える２０１３年頃から、国の地域包括ケアシステム推進が本格化してきました。これまでの私たちの経験が求められているのではないか？——そう自問し始めて、２０１４年に望月さんに相談したんです。そしたら、『もう一度、うちの実家のような居場所を、新潟市との協働事業で再現してくれませんか』

と提案された。これには私も驚きましたが、結局、そこから実家の茶の間がスタートすることになったんです」と河田さんは語った。

２０１４年6月、青空記者が市長時代に河田さんと望月さんが一緒に面談に来られた。その時「新潟市との協働事業で茶の間を運営できないか」との申し出をいただいたわけだが、当初、記者は「河田さんが言い出しっぺで、望月さんが庁内調整をした構想」と思っていた。みんなの前で、「望月調整監からの提案だった」ことが明かされたことは初めてではないか。

その望月調整監が話し出した。「行政との協働事業は、口で言うほど簡単な話ではありません。元々、立場の違いが大きいので、なかなか難しい。それが実家の茶の間は8年も続き、地域を超えた宝に育っている。これは河田さんの力、皆さんの力があってこそ、です。これからも一緒に頑張っていきましょう」との言葉だった。

青空記者の目

望月調整監が述べたように、行政と住民グループとの協働事業で成果を出すことは容易ではない。しかし、河田チームは「行政には行政の立場・言い分があり、住民には住民の立場・特性がある」ことを前提にして、いくつもの難関を乗り越えてきたのだ。ただ、ここまでの歩みは平坦ではなかった。次回からは２０２０年、新潟市に新型コロナウイルスの感染が拡大してから始まった「しなやかで、頑固な」河田チームの戦いの日々を振り返ることにする。

再開に向けて、戦略会議が開かれた　２０２０年５月25日

再開に向けてメモづくり

国が新型コロナの緊急事態宣言を全国すべての地域で解除することとなる２０２０年５月25日（月）、河田さんは何枚かのペーパーを持って「実家の茶の間・紫竹」に姿を現した。月・水曜日は実家の茶の間の運営日で、活動を休止してからも河田さんや運営委員会の中心メンバーはその日に実家の茶の間で顔を合わせ、再開をにらんでの準備に取り組んでいた。河田さんがつくったペーパーには、再開に向けてさまざまなことがメモしてあった。「紙コップ○、大皿取り回し×、使った食器消毒（熱湯）×、お菓子△、アメ○」などと書

かれたペーパーもあった。再開に向けてクリアすべきハードルを自己点検したものだ。

　メンバーが集まると河田さんが語り始めた。

「ポスト・コロナ社会に向けて、私は『実家の茶の間・紫竹』の役割や存在感が高まっていると思う。地域の茶の間などの居場所をこれからどうすればいいのか、どうすれば再開できるのか、全国みんな基本的方向や具体的なハードルが見えていない。その方向性を明示し、具体的なハードルを設定して、どうすれば乗り越えられるのかを示す――それができるのは、ここだと思うの。新潟市で助け合い活動を30年やってきた者の目で具体的な道筋を考え、お示ししていきたい」と河田さん。

　この日は午後から新潟市の担当者と包括ケアの戦略会議が開かれるため、河田さんは戦略会議に臨むにあたり自らの考えをまとめてきたのだ。

答えられない、再開への道筋

　河田さんが語り終える頃、新潟市江南区の一層の「支え合いのしくみづくり推進員（ＳＣ）」である佐藤連さんがやってきた。ＳＣは、地域で医療や介護が受けられる「地域包括ケアシステム」を構築するため、国が自治体に配置を求めた要員で、国は「生活支援コーディネーター」と名付けている。

　新潟市では地域包括ケアの構築には「支え合いが重要」と考え、このネーミングにしている。広いエリアを担当する一層と、日常生活圏を担当する二層の二つがあり、政令指定都市である新潟市では一層を８つの行政区、二層を複数の中学校区単位に定めている。

　佐藤さんは新潟市の一層のＳＣの中では最も若く、河田さんたちの取り組みに学ぶため、実家の茶の間・紫竹をよく訪れている。佐藤さんと河田さんの二人は、すぐに地域の茶の間の今後について語り合い出した。

「今、江南区で地域の茶の間を運営している方たちの雰囲気ですか？　大半が『当分、再開は無理だよね』とか、『ここで無理して再開して、感染でも起こしたら大変』という感じでしょうかね。私たちも『この地域の茶の間はどうすれば再開できるか？』と聞かれても、答える物差しを持ち合わせていないんです。それは二層のＳＣも同じこと。だから、ここに来て、河田さんたちの取り組みを聞かせてもらっています。ここで再開への道筋を示してもらえれば、それを参考に個々の地域の茶の間についても考えていけます」と佐藤さん。

　河田さんはそんな言葉にうなずきながら、「ＳＣの方は実際に地域の茶の間を立ち上げた経験がないわけだから、再開のジャッジを求められても困ってしまう。ここは助け合いのプロである私たちの出番というか、役割だと思う。ここを相談場所にして、江南区の再開のスケジュールができていけばよいですよね」と佐藤さんに語り掛けた。

情報共有と意見交換の場

「実家の茶の間・紫竹」には新しい助け合いの仕組みとなる「助け合い　お互いさま・新潟」の事務局も置かれており、大型連休前までは平日は毎日、ＳＣら３人チームが交替で当番を務め、市民らの困りごと相談に対応していた。

それは河田さんら「実家の茶の間・紫竹」運営委員会のメンバーとＳＣの情報共有・意見交換の貴重な機会ともなっていた。

大型連休からは「お互いさま・新潟」の事務局も休止したが、月・水曜日には河田さんらが実家の茶の間に顔を出し、再開に向けてのハードルを考えたり、利用者らの問い合わせに応じたりしていた。

この中で河田さんたちは、実家の茶の間の回数利用券をいったん回収し、回数利用券代を払い戻すことを決めた。それを利用者に連絡することで、実家の茶の間の信頼を高めると共に、利用者の近況を確かめることにつなげていた。

大型連休明けからは、今後が心配で実家の茶の間を訪ねてくる方への対応を含め、マスク着用・手洗いなどを厳守の上、「30分を限度」に利用者を実家の茶の間に入ってもらうことにした。

市の包括ケア戦略会議に向けて

一方、市地域包括ケア推進課では、国が緊急事態宣言を一部地域で解除することを本格検討した大型連休明けから、市の新型コロナ感染対策チェックリストを参考にしながら、市内8区9か所に設置してある地域包括ケア推進モデルハウスや市内に５００か所以上ある「地域の茶の間」を再開するチェックポイントづくりに入っていた。

5月13日には市地域包括ケア推進課から河田さんのもとに、「自粛解除に向け、国が示している新しい生活様式と、イベント開催基準に照らし、茶の間を開催する遵守事項」をまとめた案を送って意見を交換。25日の戦略会議が設定された。

25日午後、新潟市の地域包括ケア戦略会議が実家の茶の間・紫竹で開かれた。市側からは担当の福祉部長や地域包括ケア推進課長らが参加。河田さんは新潟市の「支え合いのしくみづくりアドバイザー」でもある立場から会議に臨み、中原八一市長ら市幹部と河田さんをつなぐ市政策調整監の望月迪洋さんも加わった。

会議では、河田さんから「地域の茶の間」再開に向けての強い覚悟が示され、市側からは新型コロナウイルス感染症対策での基本的なチェックリストと、それを基にした地域の茶の間再開に向けてのチェックポイントなどが提示された。その中には「利用申し込みを当日午前9時までに予約」と「利用は午前10時から正午と午後1時から3時まで」が書き加えられていた。

戦略会議では、「茶の間は、新型コロナで高齢者らが不安の時にこそ必要」との河田さんの意見を重視し、「万全の準備をしながらそれぞれの茶の間の特性を踏まえて、再開へのチェックポイントをガイドラインとしてクリアできるようにしていく」方向でまとめられた。再開の日は近いようだ。

青空記者の目

記者が「地域の茶の間」に注目しているのは、地域包括ケアを構築する上で「居場所」の存在が重要と思うからだ。「包括的な安心な暮らし」を地域で築いていくには医療・介護資源だけでなく、「助け合いの土台」が地域にあることが欠かせない。地域の茶の間のような「居場所」のない地域包括ケアは考えられないのではないか。

再開は６月１日　決定も「住民主体」で　２０２０年５月27日

戦略会議の２日後、27日（水）に河田珪子さんと中心メンバーたちは実家の茶の間に集まっていた。河田さんは市のチェックポイントを示しながら、「うちは、ほとんどがクリアできていますよね。ただ、当日９時までの予約制と、午前・午後の２部制。ここはどうでしょうね？」と当番さんに語り掛けた。

「予約までして来るかしらね」「そもそも予約というやり方は、茶の間にそぐうのでしょうか？」との疑問が出された。「今までは朝10時に来て、ここが終わりになる午後４時までずっといらっしゃる方もいました。今度、２時間になると（これまでの利用料）３００円というわけにはいかない」「これまでは、お昼（３００円）をみんなで食べることを楽しみに来る人が多かった。午前、午後に分けて、どのぐらい来てくれるかしらね」などの声も挙がった。

利用者と話す河田さん

河田さんはそんな声に耳を傾けながら、「そうね、予約制というやり方はどうでしょうかね。住民主体で運営している茶の間に合うかしらね？」とつぶやいた。

「俺の実家はなくせない」

話がさらに広がり出した時、利用者の中でもサポーター役のお二人が茶の間に顔を見せた。一人はご近所の武田實さん。家が近いので茶の間が閉まっている日でも庭木の水やりを担当してくれている方だ。もう一人は笠井三男さん。こちらも実家の茶の間の運営準備の時から携わっている方だ。河田さんが早速、再開に向けての話題を笠井さんにぶつけた。笠井さんは言う。「私は、ここに来られていた方によく会うんですよ、あちこちの病院でね。その時、聞かれることが二つある。まず『茶の間はどうなるの?』。もう一つは『また、茶の間でみんなとお昼が食べられますか?』――この二つです。私はこう答えている。『実家の茶の間は絶対になくならない。なぜなら、そこは俺の実家だから。俺の実家をなくすわけにはいかないでしょう』というのが一つ。二つ目は『お昼は当分食べられない。みんなの安全が一番だから、当分は我慢、我慢』と。その答えでいいですか、河田さん」久しぶりに、河田さんや多くの当番さんと顔を合わせたせいか、笠井さんの言葉に力が入った。

それを聞いていた河田さんは「笠井さんから『ここは絶対なくならない、なくせない』と言ってもらって……。こんな嬉しいこと、励まされることはないです。もう、私、涙出そう。当番さん、笠井さんが言っていること、聞こえていますか」と、それぞれの仕事に精を出している5人の当番さんにも声を掛けた。そして、「今日は、ここをこれからどうしていくか、みんなで話し合って決めていきましょう」と続けた。

「やってみなきゃ、始まらない」

予約制には当番さんの多くが疑問を呈した。また、「二部制にした時、利用料は従来通りの３００円というわけにはいかない」「午前・午後に分けると、会いたい方に会えなくなるんじゃない？」――などなどの意見・疑問が次々と出された。これらを受けて、「お昼を自分で持ってきて、密にならないようにして、離れて食べるのまで止められるでしょうか？」と河田さんが提起する。「でも、時間制限は難しいよ。私もこの前は『30分ですよ』と言われたから何とか守ったけど、『お昼もいてよい』だと帰りませんよ」と笠井さん。

「じゃあ、お昼は当分ダメにしましょう。そうすれば正午でいったん打ち切りになるからね」との声。「でも予約制にしなくて、混んできたらどうするの」との意見も。

「大広間は14、５人までにして、それ以上になったら廊下に椅子を置いておいたらどうだろう」

「いざとなれば。子ども用スペースや二階も使えるじゃない？」などと話が続く。

武田さんが「とにかく、やってみなきゃ始まらない。衛生面に最大限、気を付けてやりながら、状況を見て改善していくしかない。ここに長机が仕舞ってあるから、それを使って配席を工夫しましょうか」と着地点を探した。

河田さんが議論を引き取る形で「そうね、当分ですけど、時間は午前・午後制で２時間以内にして利用料は２００円。自治会費と保険代なども払わなければいけませんからね。

６月１日に再開して、あとは様子を見ながら相談していきましょう」と皆さんに諮り、この日の話し合いは終了した。これが「住民主体」の意思決定のやり方らしい。

青空記者の目

「住民主体で物事を決めていくのは難しい」と言われる。しかし、「実家の茶の間運営委員会」のメンバーは、「茶の間の再開」という難題を運営委員だけでなく、利用者を加えた中で見事に決定した。

　新潟市のチェックリストは大事にしながら、「住民主体で運営していく」との基本は守っていく。「私たちは自主的な組織ですから、指揮・命令は似合わないのよ」。河田さんはさらりと語った。

「俺たちの実家が、また始まったよ」　２０２０年６月１日

新型コロナウイルスで多くの社会活動が休止せざるを得なかった５月が終わり、６月が

スタートした。新潟県は6月1日から行動自粛要請を一部緩和。新潟市の「実家の茶の間・紫竹」（東区）も1日から活動再開に向けて新たなステップを踏む記念すべき日となった。

「新兵器」は非接触型体温計

「実家の茶の間・紫竹」運営委員会代表の河田珪子さんをはじめ、この日の当番さんらが午前10時からの「施設開き」に備えて集まってきた。先週、話し合った再開に向けての約束事に沿って準備が進められる。

備えられたアルコール消毒で手を清めていると、「はい、当番さん。体温をお計りして」と河田さんが言う。再開日に合わせて、非接触型の体温計を調達してきたのだ。まだ、操作になれない当番さんが何度か計り直して、「はい、平温です」と認定、入室のお許しが出た。

大広間には、当番さんのほかにご近所で常連さんでもある武田實さんや中央区二層の「支え合いのしくみづくり推進員（SC）」の佐藤高陽さんが顔を見せていた。特養職員でもある佐藤さんは、この日に備えて衛生面での新兵器を用意していた。一つはフェースシールドだ。

「これは手作りです。材料費は１００円もかかっていない。マスクが嫌いな方もいるし、夏はずっとマスクをしていると暑いから、使いたい人もいると思って持ってきました」と武田さんに説明している。もっとも武田さんの関心はフェースシールドよりも、もう一つ、佐藤さんが持参した衝立の方にあるようだ。透明のアクリル板がはめてある高さ80センチほどのものだ。

武田さんがテーブルに置いてみる。「これはいいね。先週までは、対面はできないから大広間の利用者は14、15人と言っていたけど、これがあれば向かい側にも座れる。30人近く入れるようになるかね。これは使える」と武田さん。

こちらは知り合いの大工さんに頼んでつくってもらったそうで、「業者に頼めばン万円だけど、２、３千円でできるんじゃないですか。ここには、いつも色んなことを教えてもらっているから、今日は真っ先に持ってきてみました」と佐藤さん。

「みんなが河田さんを見ている」

佐藤さんはこれまでも実家の茶の間によく顔を出していた。それは「実家の茶の間・紫竹」が、新潟市内に５００軒以上ある「地域の茶の間」のまさにモデルであるからだ。「私も特養職員として施設での介護のことはそれなりに分かっていますけど、居場所の立ち上げや運営はやっぱり河田さんチームが参考になる。みんなが河田さんを見ているんです」と佐藤さん。これまでも一層・二層にかかわらず新潟市のＳＣは、実家の茶の間を貴重な現場モデルと位置付けてきた。二層のＳＣの何人かは「これまで、地域の人に『ここの茶の間はどうすれば再開できますか？』と聞かれても、誰も答えられませんでした。現場からの情報はなかなか手に入らない」と語っていた。現場主義の佐藤さんも、限られた情報の中で苦しんでいた。「だから私は、できるだけここに来て、河田さんのやったり考えたりしていることを聞いて、現場の情報を増やすようにしているんです」と佐藤さんは語った。

「実家の茶の間・紫竹」には多くの福祉関係者が訪ねてくる。それは実家の茶の間が貴重な「現場」だからだ。地域包括ケアの推進役である「生活支援コーディネーター（ＳＣ）さん」ら、みんなが河田さんを見ているのだ。

ほかの「地域の茶の間」再開のヒントにも　２０２０年６月３日

再開初日から20人以上が利用

新潟市の「実家の茶の間・紫竹」が再開された６月１日を振り返り、運営委員会代表の河田珪子さんは「20人ちょっとお見えになりました。特に午後から、懐かしい顔が帰ってきてくれて……。口コミもあってちょうどいいレベルの再開初日だったかしらね」と言い、ちょっとほっとした様子だった。

午後からは早速、新潟県庁の高齢福祉保健課の保健師さんも視察に来て、「実家の茶の間・紫竹」の再開の様子を実地に見ていった。新潟県内各地には２８００か所を超す「地域の茶の間」があるが、その再開に向けても大きな参考となったようだ。

再開２日目となる６月３日。当番さんから利用者への電話での連絡が進んだせいか、午前中から十数人が顔を見せ、「実家の茶の間・紫竹」は以前と同じ雰囲気に近づいた。

河田さんは「やっぱり正午でいったん閉めるのはいいみたいね。今日は午前からいらっしゃった全員が、お昼で皆さん機嫌よくお帰りになりました。そうすると、昼休みがちょうどいい消毒の時間にできるのね。お当番さん3人がテーブルの裏まで、きれいに消毒してくれました。これで午後の方も安心してお迎えできます」と嬉しそうに語った。

この日の午後はお年寄りの女性を中心に10人ちょっとが、ゆったりとした時間を楽しんでいた。

「久しぶりでしたね。何をされていました」と河田さんが問い掛けると、「3カ月ぶりだろっか。嬉しいですて、ここがまた始まって」「これまで、しゃべる相手もいねかったわね。みんなの顔がまた見れて良かった」とおばあちゃんたち。

「オセロやビー玉ゲームなどは、対面になるので取りあえずできないことにしています。退屈じゃない？」と河田さんが聞くと、「いや、この感じがいいいて」と応えていた。

「みんなで安全・衛生に気を付けて、守り合っていきましょう。それが実家の茶の間を継続させることになりますからね」と河田さんは呼び掛けていた。

持続可能にするには？

会計を担当する藤間優子さんは、どうすれば「実家の茶の間・紫竹」を持続可能にできるか、利用者の数と利用料について試算を重ねてきた。家賃と光熱・水道費は新潟市が負担するが、それ以外はこれまで一日３００円の利用料などで賄ってきた。

皆が楽しみにしていた昼食も食材の寄付などで栄養たっぷりのものを３００円（子どもは共に無料）で提供してきた。これまで朝10時から午後4時まで何時間いても良かったのが、当面は午前・午後2時間ずつの制限となるため、利用料は２００円とした。しかも今までのような大勢の利用は避けなければならない。

運営にも大きく貢献していた全国からの視察も当面は受け入れられず、財政面ではかなり厳しくなっていくことは間違いない。

「藤間さんが色々と計算してくれて、一日20人の利用で何とかなる風に考えてくれたんです」と河田さんが言うと、藤間さんは「そうですね。20人でかつかつ。25人なら間違いなくやれます」と応じた。

当番さんを大幅に減らし、当面は一人でやっていくことにしたそうだ。「当番さんにはこれまで交通費と実家の茶の間の利用料・昼食代をお出ししてやってもらっていたけれど、当分はお昼づくりもありませんから、一人で大丈夫じゃないかしら。みんな常連さんが手伝ってくれるしね」と河田さん。

コロナ禍で運営が苦しくなる中で、手作りマスクを持ってきてくれる人もいる。「みんなができることをやって、この実家の茶の間を守っていく。それが『住民主体』ということじゃないでしょうか。苦しいから、すぐに行政にお願いをするんじゃなくてね」。そう河田さんは語り、苦労を楽しんでいるようにさえ見えた。

青空記者の目

「住民主体」——その言葉の意味について、「実家の茶の間・紫竹」の再開に向けて主体的に動いていく河田チームに教えられることが多かった。衛生面など「安全」について最大限の配慮を払いながら、「どうすれば、茶の間の運営を持続可能にできるのか」について考え、実践を重ねていく。それは、常設型の「うちの実家」を一銭の税金ももらわずに10年間運営した実績と、そこで培ったノウハウに裏打ちされている。

「8項目の感染防止策」さらに徹底　２０２０年6月10日

みんな表情が柔らかくなった

「実家の茶の間・紫竹」が再開されて2週目に入り、茶の間はすっかり落ち着きを取り戻してきた。再開4日目の10日（水）には、安全のために避難訓練も行われ、衛生面以外でも「安全の土台」が確認された。午後からは20人を超す方が顔を見せた。

8日にもやってきた中央区二層の「支え合いのしくみづくり推進員（SC）」滝澤清香さんがこの日も姿を見せ、河田珪子さんに元気に挨拶する。河田さんは笑みを浮かべながら、「4日目になって、ずいぶん元の雰囲気に戻ったと思いませんか。1週目は、利用されている方もどこか緊張していましたよね。それが、一日一日とみんなの表情が柔らかくなってきましたよね」と滝澤さんに語り掛け、茶の間を見回した。

河田さんの思いが詰まったペーパー

「実家の茶の間・紫竹」は、再開の軌道を着実に回り始めた。

なぜ、いち早く再開できたのか。河田さんのリーダーシップが表面的には目につくが、衛生面を中心に「安全の土台」をマニュアル化し、当番さんと問題意識を共有していったことも大きな特徴だ。「再開に当たってのマニュアルがあったら、ぜひ教えてほしい」との要望も届いているので、「実家の茶の間・紫竹」を6月1日に再開するに当たって河田さんが作成した1枚のペーパーを紹介しよう。

「これがそのペーパーです」と、当番さんの一人が1枚のペーパーを差し出した。誰よりも実家の茶の間を大切に考えているに違いない河田さんの思いと経験が詰まったペーパーだ。全国のさまざまな地域で「みんなの居場所」の再開が検討されているが、まだ踏み切れないところも多い。

「新型コロナウイルス感染防止を踏まえた『実家の茶の間・紫竹』」と書かれたペーパーには8項目の注意ポイントがまとめられていた。

1　アルコール消毒（朝、昼、夕方、その他随時）は、手に触れるところすべてにコロナウイルスがあるという前提で、手すり、ドア、机、椅子の手すり、トイレ便器や手に触れるところ、手洗い場の蛇口、玄関のボールペン、検温器、押して歩く椅子、電話機、筆記用具、ボールペン、コーヒーの持ち手、等々。

机の配置、座る椅子は2メートル離し、向き合わないよう設定。きれいな貼り紙で目印や座布団の数に注意。

2　受付は当面はノートではなく、「参加票」に必要事項を記述式で。非接触型体温計を用意したので、検温をお願いします。正しい数値をお伝えし、記述確認もお願いします。

3　飴の用意（マスクを外す機会が増えるためお菓子はなし）、一人ひとりに折り紙に数種類載せて、取り回しはしない。花は今までと同じように参加されている方に出番づくりを。その際に手、指の洗浄を。また、アルコール消毒ペーパーも各テーブルに。

4　常時、換気に注意。

5　いつの間にか座る距離が近づいていたり、お話に夢中になってマスクを外したりしています。その場でさらっと注意する。

6　座る距離が離れてお互いの交流が難しく、その環境に慣れていないため、孤独になりやすい。細やかな声掛けを。また、様子を見ながら距離を取ってラジオ体操を始める。
一人でもできることを探す。

7　脱水に注意。頻繁に声掛けを。移動が困難になるとトイレが気になったり、気を遣ったりして飲まなかったり、のどの渇きを感じないこともあります。
8　当番さんは、昼食が出せるようになる日までは2名体制になります。

ペーパーは8項目の注意事項に触れた後、「参加者どなたに対しても、常に平等な態度で、さらに頼み上手になって、みんなで一緒に、新型コロナウイルスがあることを前提にした新しい『実家の茶の間・紫竹』づくりをしましょう」と結ばれてあった。

実家の茶の間の再開には、万全な準備と入念なルールの徹底が図られていた。河田さんが作成したペーパーは大変に実務的なのに、なぜか強い思いを感じさせるものだった。

保健師さんが来るよ　みんなで準備　2020年6月17日

お昼を食べる環境整備

「実家の茶の間・紫竹」が再開されてから3週間目。お昼を茶の間で食べる方が出てきた。実家の茶の間運営委員会代表の河田珪子さんらは、より安全にお昼を食べてもらえる環境を相談している。

「ここの台所は広いので、お昼は台所でも食べていただくようにしたらどうかしら。大広間に昼休み、人がいなければアルコール消毒の作業も楽だし、お昼を食べる方も気を遣わずに済みますしね。お昼を持ってこられる方が増えれば、台所以外にもスペースはある。お当番さん、『これからはお昼を食べに家に戻らなくていいですよ』と伝えていきましょう」と河田さん。

6周年のお祝いをどうするか

お昼休みが終わり、午後の茶の間が始まった。お出でになった方のお相手をしていた河田さんに二人の当番さんが声を掛ける。「10月の6周年の相談をしたいので、少し時間をください」との呼び掛けに河田さんが応じて、しばらくの相談タイムとなった。

相談が一通り済むと、河田さんは念押しのため常連さんに「どうでしょう。今年はやっぱり6周年のお祝いは無理でしょうね」と話し掛ける。常連さんが「昨年の5周年には、この茶の間に160人が集まった。『どうして、そんなに入れるんだろう』と思うぐらいだったんだから、『密』なんてもんじゃなかった」「周年のお祝いには、その前でも100人は来ていたからね。そりゃあ、無理ですよ。周年事業に集まるのはね」などの声が挙がる。

「そうね。じゃあ6周年は、『こんな風にして、無事再開できました』という記録をお届けすることで仕方ないですね。だって、案内出す人をこっちで線引きできないですもんね」と河田さんが結論を出す。今年10月の実家の茶の間6周年は、写真を中心に「再開の記録」をまとめることで話がついた。

保健相談はアクリル板越しで

次の話題は、今度の月曜日（22日）に保健師さんが久しぶりに健康相談に来てくれる件だ。

河田さんが「健康相談の時は、あのアクリル板の衝立を使いましょうか。ほら、再開の日に佐藤さんが持ってきてくれた、あの衝立。あれがもう一つあるといいわね。健康相談は二人でやってくれるから」と提案した。

佐藤さんとは中央区の二層の「支え合いのしくみづくり推進員（ＳＣ）」の佐藤高陽さんのことで、茶の間が再開した6月1日にフェースシールドと衝立を持ってきてくれた方だ。保健師さんが来る日の対応で盛り上がっている時、ちょうど佐藤さんが顔を出した。それも自前のフェースシールドをつけての登場だ。

河田さんが早速声を掛ける。「佐藤さんはいつも良い時に来てくれるわね。こないだの衝立、もう一つ用意できるかしら。月曜日の午後に使いたいんだけど」との問いに、「はい、OKです。在庫がありますから」と佐藤さん。大工さん手作りの衝立をもう一つ、特別価格で提供してくれることになった。

これで、保健師さんが来る日の準備は整った。

「体調、大丈夫ですよ」　保健師さんが健康相談　２０２０年６月22日

６月22日午後、「実家の茶の間・紫竹」には予定通り、保健師さんらが健康相談のためにやってきた。

実家の茶の間がある東区から保健師さんが二人と、茶の間の健康相談業務に以前から携わっている看護師さん、上田八重子さんの３人チームだ。相談窓口が２つ設けられ、相談の通り、アクリル板の衝立が二つ使われていた。

女性のお年寄りを中心に10人ちょっとが相談を受け、いずれも大きな心配はなかった。上田さんらの「大丈夫ですよ」の声に安心した表情を浮かべ、また、茶の間で寛ぎの時を過ごしていた。

再開に看護師さんも安心

看護師の上田さんは、健康相談が始まってから「実家の茶の間・紫竹」を担当してきた。久しぶりの実家の茶の間の様子について、上田さんは「雰囲気も思ったより落ち着いていますね。お菓子も飴だけにして、なるべくマスクを外さないようにするなど、工夫もされている。ここは風通しも良いし、人と人の距離感にも配慮されていて、安全面はしっかりしていますね」と感想を語っていた。

上田さんは、実家の茶の間の利用者の多くと顔馴染みになっているだけに、「以前から体調が気になっていた方がいらっしゃるんですけど、今日は顔を出されていませんでした。お元気だと聞いて、ちょっと安心しています」とも話していた。

健康相談が一通り終わると、保健師さんがコロナ禍での安全・衛生面での注意事項を茶の間の利用者に説明し始めた。茶の間は保健活動の拠点ともなっているのだ。

青空記者の目

保健師さんと看護師さんから成る健康相談チームが「実家の茶の間・紫竹」など、地域包括ケア推進モデルハウスを定期的に訪れるのも新潟市の取り組みの特徴の一つで、「新潟市版ネウボラ」と呼んでいる。「ネウボラ」とはフィンランド語で「助言の場」の意味で、フィンランドでは主に子育て相談・支援の意味で使われている。新潟市では、茶の間を訪れる若い親御さんの子育て相談にも応じているが、数の上では圧倒的にお年寄りの健康相談が多い。それが「新潟市版ネウボラ」なのだ。

「河田さん一人ではダメ　当番も詰めます」　２０２０年６月〜７月13日

みんなの居場所「実家の茶の間・紫竹」には、なぜ、こんなに穏やかでゆったりした空気が流れているのだろう。

それは実家の茶の間運営委員会代表の河田珪子さんの長年にわたる地域福祉の実践と「日本一の福祉都市・にいがた」を築きたいという強い意志に負うところが大きいと思うの

だが、より直接的には実家の茶の間を実際に切り盛りしているお当番さんたちのチーム力の賜物ではないだろうか。

今回からは、実家の茶の間の運営に当たるお当番さんたちの姿と思いを紹介する。

朝のミーティングからスタート

7月13日（月）の午前9時半。「実家の茶の間・紫竹」の玄関は既に開け放たれ、大広間には河田さんとお当番さんたちが顔をそろえていた。

実家の茶の間が開かれる午前10時の30分以上前には当日のお当番さん二人と、それを自主的にサポートするメンバーが集まり、9時半からはその日の運営について確認するミーティングが開かれるのが恒例だ。この日のお当番さんはベテランの藤間優子さん（72）に齋藤洋美さん（61）の二人だ。他にサポート役が7、8人、顔をそろえている。

この日のミーティングは藤間さんが進行役を務めた。実家の茶の間を6月1日に再開するに当たって、河田さんが作成した「新型コロナウイルスの感染防止を踏まえた『実家の茶の間・紫竹』」とのペーパーに基づき、注意事項を確認する。藤間さんが「おトイレは自分が使った時は出る時にノブなどをアルコール消毒。人が入られた後も、気が付いた人がさりげなく消毒をね」と念を押す。

最後に「ここは風通しが良いんで縁側を開けっぱなしにしているけど、熱中症には細心の注意を。飴も塩飴のようにしょっぱいものを多く入れた方がいいかもね。暑くなってエアコンをつける場合は、換気に気を付けましょう」と河田さんが締めくくった。

この日の進行役の藤間さんは、河田さんとの付き合いが「10年を超す」というベテラン組だ。河田さんが泊まることもできる常設型の地域の茶の間、「うちの実家」を運営していた頃に河田さんと出会った。

「私が60歳で定年になり、介護労働安全センターで介護職の試験を受けた時の講師が河田さんでした。家が『うちの実家』に近かったこともあって、お手伝いを始めました。ここに来る当番メンバーは、みんな特技・性格が違う。それを河田さんがうまく組み合わせ、能力を引き出してくれるから、良いチームになっていると思う」と藤間さん。

そう言う藤間さんは、勤めの時に経理を担当しており、今は実家の茶の間の「財務担当」だ。限られた資金を切り盛りして、実家の茶の間を持続可能にしている。新型コロナで活動を休止せざるを得なくなった時、河田さんは利用者との連絡を絶やさないよう、開業日の月・水曜日には一人で実家の茶の間に詰め始めた。

すると当番チームの誰が言うともなく、「河田さんを一人にしておくと、ネズミに引っ張られると悪いから、私たちもここに詰めることにしよう」となった。連絡を途絶えさせなかったことが、利用者の方との信頼関係をより深くしたのだった。

「地域担当」のお当番さんもいる

実家の茶の間が東区紫竹に開設されたのが縁で、お当番さんになった方もいる。向かいに住む片山ミキエさん（77）もその一人だ。片山さんは地域の民生委員や地区事務所の居場所運営など、地域福祉に携わっていた。

ある日、河田さんが挨拶にやってきた。「福祉の世界で河田さんは有名だったから、その本人が挨拶に来られたんで、びっくりしました。取り壊されることになっていた空き家を茶の間に活用するというんで二度びっくり。茶の間がオープンした日の午後に知人が呼びに来て、そこから引きずり込まれました」と片山さんは笑いながら語る。それ以降、開業日の月・水曜日はほとんど毎日、実家の茶の間に通うことになった。

河田さんは茶の間と地域の縁を大切にしてきた。地域の老人クラブのお年寄りや小学校・保育園の子どもたちが茶の間に来るのは大歓迎だ。地域の小学校などとの縁が深かった片山さんは、地域と実家の茶の間をつなぐ「地域係」の役割を担うようになった。地域の二つの小学校や保育園に実家の茶の間を紹介し、子どもたちとの関係を深めた。

「小学校の子どもたちが実家の茶の間に初めてやってきた時は、本当に嬉しかった。みんな最初はランドセル担いで来てくれて、お年寄りもすごく喜んでくれました」と片山さん。

駐車場係も大切な役割だ。実家の茶の間の駐車場が満杯になると、まず自宅の駐車場を提供し、ご近所にも協力を求めて、実家の茶の間の「地域係」を務めている。「茶の間が紫竹にできてくれて、本当に良かった。今では私の生きがい。自分の楽しみのために来ています」と笑顔を広げる。

ベテランと月イチ組がコンビ

もっとも当番チームは藤間さん、片山さんのようなベテラン・常連組だけではない。

「月1回なら、お当番をやれます」と手を挙げてくれる方も大歓迎。新規メンバーも積極的に発掘している。月イチ組や新人さんは、ベテランさんとコンビを組むのが通例だ。

この日の齋藤洋美さんは秋葉区で有償の助け合いに取り組んでいる地域福祉のエキスパートだが、「空いている時間にお手伝いできることがあれば」と、月に1回は実家の茶の間で当番を務めている。「ここが始まって、1、2年してから、当番をやらしてもらっています。再開後では今日が2回目です」と言いながら、慣れない非接触型の体温計で、訪れる利用者の検温などに追われていた。

青空記者の目

「実家の茶の間・紫竹」を初めて訪れた方は、どうしてこんなにゆったりとした空気が流れ、利用されている方が自由な時を過ごすことができるのか、魔法を見ているような感じがするのではないだろうか。それは河田さんが30年近く前から始めた、居場所（地域の茶の間）――うちの実家からの経験・ノウハウがあるからなのだが、その歴史の中で育った素晴らしいスタッフの力が大きいことも間違いない事実だ。

「介護保険でできないこと、当番ならやれる」　２０２０年６月～７月中旬

「実家の茶の間・紫竹」を切り盛りするお当番さんたちは、実家の茶の間運営委員会代表

の河田珪子さんと昔からの付き合いの人もいれば、５年半前に新潟市との協働事業で紫竹での活動が始まってからの方もいる。

　河田さんを中心にして、お当番さんたちの活動は濃密だが、「仲良しグループ」ではない。

「河田チームは、べたべたしてなくて、適度な距離感がある。ある意味、不思議だと思いますよ」と言うのは長島美智子さん（68）。河田さんとは30年ほどの付き合いになる、お当番さんチームの中でもベテラン組の一人だ。

まごころヘルプからの付き合い

　長島さんが河田さんのことを知ったのは１９８９（平成元）年。

　その頃、河田さんは、夫の両親の介護のため、福祉の仕事をしていた大阪から生まれ故郷の新潟に戻ってきた。在宅介護に悪戦苦闘しながらも、有償の助け合いシステムづくりに奔走していた。そんな河田さんのことを地元紙が「おんな　40代」というシリーズの中で取り上げてくれた。

「こんな素晴らしいことをやっている人がいるんだ――。それが河田さんを知る初めての機会でした」と、長島さんは振り返る。

有償の助け合いは「まごころヘルプ」として結実した。長島さんはその頃、精神的な不調に悩み、「具合が悪くなって、人との交流が嫌になっていた」時期だった。それが「まごころヘルプ」に行ってみて、色々なことに悩んでいる方たちのことを知った。「まごころに通っていたら、なぜか気持ちが前向きになって、困っていらっしゃる方の家に行って手助けをする『サービス提供会員』になりました。ヘルパーの資格も3級、2級と取って、訪問介護やデイサービスでも働くようになれました」と長島さん。

その後、河田さんが始めた「地域の茶の間」や、宿泊もできる常設型の茶の間「うちの実家」の活動も手助けをするようになった。

「気が付くと、元気になった自分がいた」

「色々な活動をお手伝いしていて、気が付くと、元気になっている自分がいました。訪問介護でお邪魔する家の方や茶の間にいらっしゃる方とお話をしていると、人の痛みが分かってくるし、色んなことが見えてきました。そういう方との出会いで、自分が元気に変わっていけるのが嬉しかった」と長島さんは言う。

小規模多機能の福祉施設で働いていた2014（平成26）年、河田さんが新しく「実家の茶の間・紫竹」を始めると聞き、お当番として詰めることを決めた。

「介護保険制度の下で仕事をしていると、決められたことしかできない。実家の茶の間では、いらっしゃった方の身になって動いていける。こっちの方が自分も楽しいし、おカネでは得られない充実感がある。茶の間をお手伝いしている方が元気になれるし、こっちが元気だと家族も喜ぶんで、茶の間に寄せてもらっています」とも語ってくれた。お当番さんには、お昼ご飯が出ていた時は茶の間の参加料と昼食代は免除で交通費が支払われるが、基本的にはボランティアだ。ここでは当日のお当番さん以外にも、数人がサポート役を買って出ている。

実家の茶の間に初めてお見えになる方は、勝手が分からず、戸惑いがちの方もいる。そんな時、長島さんはさりげなくお話ししに行く。

「デイサービスのようなところだと思ったり、イベント型の茶の間のようにみんなで一斉に同じ楽しみ方をすると思ったりしていらっしゃる方もいます。そんな時、『好きなことをされて、自由に過ごされていいんですよ』ということをお伝えします。そのうち、『ここが一番いいよ』などとおっしゃってくれると、やっぱり嬉しくて」と長島さんは笑みを広げた。

「現役世代」も当番さんに手挙げ

お当番さんの常連組は65歳以上が多いが、「現役世代」もいる。渡部明美さんは59歳。ケアマネージャーをやっていた。「長島さんと同じ職場で働いていたこともありました」と言う。

ケアマネの仕事を続けていれば収入も立場も安定している。「どうしてケアマネをやめて、茶の間でお当番さんをしているんですか」と、やや不躾に聞いてみた。

「一つには介護保険という制度に物足りなさを感じていたからでしょうか。行政の制度である以上、介護保険は決められたこと以外はできない。ご本人の意向を汲んで差し上げたいのに、一番望まれていることができない……。そんなことは結構あります。行政ではできないことを実家の茶の間ならやって差し上げられます」と渡部さん。

さらに渡部さんは「公的な介護サービスですと、利用者に何かやって差し上げることとしか考えない。でも、ここは利用される方が『体の利く範囲で、自分にできることは自分でやろう』って役割を果たそうとされる。そうすると、利用者の方の表情がだんだん良くなってくるんです。『（介護保険の）デイサービスより、こっちの方が居心地がいいよ』って言われるのを聞くと、こっちも満たされてくる」と続けた。

しかし、「現役復帰」を考えないわけではない。「まだ、60歳前なので、現役でもっとできるかな、と正直思います。ここで学んで、また介護サービスの場でお役に立つのもいいかもしれません」とも語った。福祉のプロにとっても、実家の茶の間は学ぶ場でもあるのだ。

青空記者の目

「実家の茶の間・紫竹」を運営している河田チームは、長島さんが言うように「べたべたしない、不思議なチーム」だ。「いざという時は、河田さんに相談すればいい。どんな難しい状況でも、即答してくれますから」（長島さん）というように、河田さんへの信頼感を強く共有している。「でも、河田さんを奉ってはいない。河田さんは、そうされるのが大嫌いだから」と当番さんたちは言う。「実家の茶の間で、河田さんは利用者の方にも自分の役割を求められる。一番厳しい。でも、一番やさしい人なんですよ」と渡部さんは河田さんのことを語った。

「ここは本物、心が解放される」と利用者　２０２０年６月～７月中旬

再開された「実家の茶の間・紫竹」は、運営委員会代表の河田珪子さんらの努力が実を結び、6月の一カ月間ですっかり軌道に乗ったようだ。参加者の絶対数は以前のように多くはないものの、午前と午後を合わせると利用される方は20人～30人台で安定して推移している。

「実家の茶の間・紫竹」の魅力はどんなところにあるのか、再開後の6月から7月にかけて茶の間を利用した方に聞いてみた。

「新潟に来て、良かった」

64歳になったWさんは岩手生まれ。東京でヘルパーをしていた頃、テレビで河田さんたちの茶の間の活動を知った。漠然とではあるものの、「新潟で頑張っている人たちがいるんだ」と感じていたWさんは、新潟生まれの夫の縁で昨年5月に新潟市に引っ越してきた。

「新潟には知り合いもいませんでした。茶の間のことを思い出して、『どんな所なのか、一

回訪ねてみよう』と、ふらりと来てみたんです。そうしたら、河田さんがちょうどいらした。『よく、いらっしゃいました』って、迎え入れてくれて、すーっと実家の茶の間に入れました」とWさん。しばらく話をした後、「ちょっと恐縮だったんで『私は、新潟の人間でもないんですよ』と言ったら、『そんなの、関係ありません。誰でも一緒』と、さらに歓迎してくれた。お陰で、茶の間から新潟の人間関係をつくることができました」と笑顔で1年前を振り返った。

「私だけが得をしているの」

Wさんが新潟に来たことで、活動の範囲が大きく広がった人がいる。たまたまWさんの隣に住んでいたSさん（62）だ。

「私は目が見えない。全盲なんです。それが、この方が隣に引っ越してきてくれたお陰で、茶の間にも一緒に連れてきてもらえる。茶の間のお付き合いで、私が一人だけ得をさせてもらっているの」と、Sさんは嬉しそうに語り掛けてきた。

昨年7月に初めてWさんと一緒に実家の茶の間に来て以来、「週1回は来ていた」と言う。Sさんにとってヘルパーの経験もあるWさんは頼りになる存在だ。「隣にこの方が越して来なかったら、茶の間で寛ぐこともできませんでした。心の面でWさんに大きく助けられている。ヘルパー経験だけでなく、身内に目の悪い方がいらっしゃるんで、こっちの気持ちがよく分かるんです」とSさん。

Sさんは、河田さんのことを若い時から知っていたそうだ。「さまざまな福祉活動をやられていて、私らから見たらチョー有名で、芸能人のような憧れの人。その方と、こういう縁にしてもらえるなんてね」とSさん。

実家の茶の間が2月末から活動を休止したことで、さらに見えてきたことがあると言う。「休みの時でも、みんなのことを何とかつなごうと考え、動いてくれた。私も3度、電話をもらいました。『元気にしてる?』ってね。人の心の中は有事の時に分かると言うけど、私なんか、まったくの他人様なのに気を遣ってくれる。その真剣さがすごい。ここの活動は本物なんです」と言う。

Sさんの話を聞いていたWさんが「ここに来て、何をするんでもない。でも、いるだけでホッとする大切な場所です」と言うと、Sさんが呼応するように「ここは、『自分ができない』ことを、そのまま『できない』と声に出していい場なの。こういう環境はほかにありません」と続けた。

「みんなの声、また聞けて嬉しい。いつも、一人だからね」と二人は笑顔を浮かべるのだった。

ここが一番貴重な居場所

円山美紀さん（88）は、「実家の茶の間・紫竹」の利用者の中でも、「元気ばぁちゃん」で知られる。

5年ほど前まで、近くの沼垂市場で野菜売りをしていた。市場に出るのをやめる時、「仕事やめて、うちで寝てばっかりいたら、3カ月でダメになるよ」と仲間に言われて、実家の茶の間に来るようになった。「オレ、目も悪いし、手もきかない。何の役にも立たないのに、茶の間に置いてもらって……」という美紀さんだが、できることをできる範囲でやり抜く姿は、みんなの模範になっている。美紀さんに茶の間について聞いた。

美紀さんは「実家の茶の間」がある紫竹町内に住んでいる。市場をやめる時、知り合いから「あんたの家の近くに、良い場所があるから、行ってみたらどうだ」と言われた。「でも、その頃は私、掃除も、茶碗洗いも、何もできなくなっていた。何の役にも立たない。それでも、いいのか」と迷ったそうだ。しかし、家にいては本当に「寝てばっかり」になってしまう。5年前のお彼岸の中日に「勇気を出して」茶の間を訪ねたのが最初だった。

実家の茶の間の前を何回か、行ったり来たりしていると河田珪子さんが茶の間から出てきた。

「『ここが茶の間ですよ。寄りませんか』と玄関から声を掛けてくれたんで、やっと入ることができた」と美紀さん。

河田さんに利用の条件を聞くと、デイサービスのような手続きもないし、区役所にも行かなくていい。誰でも利用できると言う。「何の役にも立たなくてもいいのか」と美紀さんが念を押すと、河田さんは笑って「そんなこと、いいです」と言ってくれて、ようやく安心したと言う。

「それから、すっかりはまってしまって、月・水曜日は毎回のように寄せてもらっている」そうだ。


「ここが休みだと、寝てるばっか」

茶の間に行くのが習慣になった美紀さんにとって、新型コロナの影響で実家の茶の間が休止になった影響は大きかった。

「ここが休みだと、毎日、寝てるばっかでしょ。外に出るのは医者に行く日だけ。コロナが来なくとも、いつ死ぬか分からん、いつお迎えが来るかと思っていたが、なかなか来ない」と、ぼやいていた美紀さんにとって、実家の茶の間の再開は嬉しいニュースだった。

「再開の２日目から来ている。市場に行っている時は、そこが私の居場所だったけど、今はここが一番貴重なオレの場所なんだわ。再開してもらって、ほんに助かっているんさ」と美紀さん。

再開当初はお昼休みで帰っていたが、河田さんから「パンでも、おにぎりでも持ってきたら、午後３時に終わるまでいてもいいですよ」と言ってもらった。最初は「オレだけ特別扱いはまずいだろう」と思った美紀さんだったが、みんなから「いいよ、いいよ」と言ってもらい、６月中旬からはお昼持参になった。

「目も悪いし、腰も曲がって、右手はしびれてるしさ。手伝いしようと思っても何もできねえ」と、周りにこぼしている美紀さんだが、お昼が終わると自分が座っているテーブルをアルコール消毒し出した。

確かに腰は曲がっているものの、テーブルに手を突きながら丁寧に拭き掃除をする。その姿からは、「自分でできることはできる限りやる」との強い意志が伝わってきた。実家の茶の間に漂っている、ゆったりとした空気感は、そこに憩われている方たち一人ひとりが紡ぎ出しているようだ。

「コロナとは長期戦　しなやかに闘う」　２０２０年7月23日

7月22日、再開されて2カ月近くになる「実家の茶の間・紫竹」は午前、午後共20人を超す方で賑わっていた。「密」にならないように、廊下に置かれた椅子をうまく活用して距離を保っている。

お当番さんの一人が「今日は16人がお昼を食べられました。再開後で最高です」と教えてくれた。昼休みに家に帰る手間を家族に掛けるのが嫌で、お昼を持ってきたり、世話を焼く方がまとめてお弁当を買いに行ってくれたりして、回を重ねるごとにお昼を食べる方が増えているのだ。

一方では、家族が感染を心配されて、茶の間に来ることができない方もまだ多くいらっしゃる。「我が家が原因で感染を持ち込んだら大変。絶対に迷惑を掛けたくない」と思う家族も多いのだ。

結果的に、実家の茶の間の利用者は以前に比べれば大幅に減っている。運営委員会代表の河田珪子さんたちは経費を切り詰め、マスク販売や寄付などにより、茶の間を持続可能にしている。もっとも、以前より喜ばれる点も出てきた。「落ち着いていて居心地が前より良くなった」「小人数で、本当に実家にいるようだ」と言う利用者も増えている。

「感染したら責任は？」の声も

河田さんたちは、強い気持ちで実家の茶の間を再開させたが、新潟市だけを見ても現在の茶の間の状況は「既に再開」「再開の日程が確定」「再開を検討」「再開の目途立たず」「このまま廃止も」と、さまざまだ。

新潟市の福祉関係者は「5月まで、茶の間を運営する方に再開について聞かれると返事に困っていました。それが、実家の茶の間が再開されてからは、その様子を写真でお示しできるようになった。それが一番分かりやすいし、『参考になった』と言ってくれる人が多い。再開するに当たっては、みんな自信がないんですよ。再開の準備に入ると、『もし感染者を出したら責任はどうなるのか』などの声が出てくる。特に福祉の現場を知らない方が再開に二の足を踏む。多くは男性ですね」と内情を語る。

増えてきた視察の希望

「地域にある茶の間が再開されないので、デイサービスを利用する」と言う人もいる。

一方では、「大勢が行くデイサービスは感染が怖くて、嫌だ」と思う人もいる。そして茶の間を再開しても、先ほど挙げた理由などで利用者が少なく、「いつまで続けられるのか」と悩んでいる地域もある。コロナの影響はこれからも地域の居場所に大きな影を落としていきそうだ。

そんな中で、河田さんたちは実家の茶の間を再開し、再開に当たってのガイドラインも明確にした。そのことがあって、実家の茶の間への視察希望が増えてきている。

河田さんは一部の視察について、小人数で、近くの市町村からのものに限り受け入れを再開しようとしている。8月には隣の聖籠町や弥彦村などからの日程が決まった。9月には佐渡から民生委員たちが視察に来る予定だ。

その一方で、河田さんたちはコロナ感染が再度広がった場合、実家の茶の間を休止することも視野に入れて、その旨を利用者に伝えてもいる。河田さんチームは、コロナとの闘いは長く、厳しいものになることを覚悟して、柔軟に、しなやかに対応しようとしているのだった。

「お互いさま・新潟」をどうする

この日の2日前となる7月20日の午後、河田さんは実家の茶の間で、地域包括ケアシステムの推進役である「支え合いのしくみづくり推進員（ＳＣ）」二人と、「助け合い　お互いさま・新潟」について話し合っていた。

「お互いさま・新潟」は、河田さんたちが創り出そうとしている「新しい有償の助け合いシステム」のことで、将来的には「新潟市全域で、歩いて15分以内の助け合いを創り出す」ことを目指している。

全国どこでもまだ実現していないこの取り組みに挑むに当たり、河田さんは２０１８年から新たに「助け合いの学校」をスタートさせた。「家にまで入って助け合う」際のルールなどを習得し、実践する人材を育成するためのもので、当初は新潟市との協働事業だった。

昨年からは8つの区役所と河田さんたちの協働事業となり、多くの受講者がボランティア登録している。困りごと相談の事務局については「実家の茶の間・紫竹」に置き、ＳＣ

有志らが電話相談に当たり、困っている方とボランティア登録者をつないでいた。事務局が「実家の茶の間・紫竹」になったことで、推進員が困りごとの実態を把握し、推進員同士が情報を共有する場ともなっていた。

「コロナで見えてきたものがある」

中央区全体を担当する第一層のＳＣ、渡辺隆幸さんは「お互いさま・新潟」の重要性をいち早く認識した一人だ。

渡辺さんは、「コロナの感染拡大で、今まで見えなかったことが見えてきた部分があります。今までと同じやり方でなくとも、目的を達成できることも見えてきた。例えば子ども食堂は、集まってみんなで食べる方式からお弁当の配食にしたら、今まで来なかった子どもや家族が来るようになり輪が広がりました。仕事のやり方もリモートなど新しいやり方が広がってきた。コロナ禍も悪いだけじゃない。良い方向につなげないと」と話し始め、「『お互いさま・新潟』も今までと同じやり方で再開する必要はないと思う。元々、『お互いさま』の事務局は、困っている方と手助けできる方とをつなぐ役割なのだから、困っている方に『相談できるところがある』と広く知ってもらえれば効果は大きいと思う。一方で地域との関係をさらに広げて、ボランティア登録者を増やしていく。困りごとの手助けには『やりがい感』が必要ですよね。ワンコインだけでなく、『ありがとう』の言葉でも、笑顔でもいいと思う」と続けた。

同じ中央区の第二層のSCで保健師でもある滝澤清香さんは、「お互いさま・新潟は土台ができているから、もっとやれますよね。『コロナだからできない』で終わるんじゃ、もったいない。信頼できる方さえ見つかれば、相談ごとにもっと応じていけるわけですから」と意欲を見せた。河田さんは二人の話に耳を傾けながら「やりがい感は大事ですよね。それはおカネだけじゃない。お互いさま・新潟に関わってくれる方のモチベーションをどう維持しつつ、次の態勢につないでいくかですよね」と、思いをさらに巡らせているようだった。

「助け合いがしにくくなった」

「支え合いのしくみづくり推進員」と話をした2日後の7月22日に話を進めよう。

この日は、常連さんで地域に暮らす武田實さんがいつものように顔を見せていた。武田さんは植木の水やりなど、実家の茶の間の外回りの仕事をボランティアでやってくれるありがたい存在で、コロナ感染が広がる前には実家の茶の間を利用される方のちょっとした頼み事に応えてくれていた貴重な人物でもある。「実家の茶の間・紫竹」では、ちょっとした手助けを気兼ねなく頼めるように、茶の間の回数利用券（６枚で１５００円）を「助け合いチケット」として活用できるようにして「実家の手」と名付けていた。

回数券２枚で５００円なので軽い手助けはワンコイン分、家に入っての手助けなどやや手が掛かるものは枚数を増やしてお願いする。その内容は河田さんも知らない、当事者だけの「ヒミツ」だ。

武田さんに手助けの例を聞くと、「一番多いのはお医者さんへの送り迎えかな。送っていくだけならすぐに終わりますが、迎えとなると時間が読めないので午前中掛かることもあるね」との答えだった。武田さんは「コロナの感染で、困りごとは多くなったはずだけど、ここに来られなくなった方もいるからね。どうなさっているかね」と仲間たちのことを気遣った。

河田さんも同じ思いだ。「コロナの感染で困りごとが増えているのに、助け合いがしにくくなっていますよね。例えば、手助けに家に入っていいのかと悩んだり、東京にいる子どもたちが親の手伝いに来ることができなくなったりね。一方で、お年寄りが外に出る回数がコロナで減れば、心身共に衰えが心配になる。だから、『お互いさま・新潟』のような助け合いが、なおのこと大事になっている」と言い、「やっぱり、困っている人の姿や困りごとが具体的に見えないと、人の心は動かないし、行動につながらない……。その意味でも茶の間は大事ですね」と続けた。

市との協働「目的を共有できたら前へ進める」　２０２０年７月28日

取り組みの原点から確認

7月28日午前10時。「実家の茶の間・紫竹」に入ると、いつもとは違う、少し張り詰めたような雰囲気が漂っていた。

9時半から始まったミーティングは既に佳境に入っていた。顔ぶれを見ると、約40人のお当番さんチームから6〜7人。地域の住人で実家の茶の間の常連さんが3〜4人。その中には地域の老人クラブの会長さんもいらっしゃる。新潟市側からは、河田さんと市執行部をつなぐ大切な役割の望月迪洋政策調整監と地域包括ケア推進課の若手が一人。河田さんを入れて13人が参加していた。

まず、河田さんが、用意した資料を基に説明を始めた。国が作成した「地域包括ケアシステム」の説明図を基に、地域包括ケアが動き出した２００３年頃のことを振り返り、原点から語り出した。

国の研究会は２０１３年度末、「地域包括ケアシステム」の概要を3枚の葉っぱと植木鉢で示した模式図を公開した。

「いよいよ、地域包括の時代が来る」――このことに河田さんが敏感に反応し、その結果、２０１４年10月、「実家の茶の間・紫竹」が開設されたのだ。河田さんは新潟市から「支え合いのしくみづくりアドバイザー」も委嘱されている。その経過についても河田さんは丁寧に説明した。

「行政と住民との協働とは」

河田さんは、これまでの「まごころヘルプ」や「地域の茶の間」などの取り組みを基に、「河田の考える　行政と住民の協働とは」との1枚のペーパーを用意していた。

重要なまとめと思うので、以下、その概略を紹介する。

1、行政と住民の協働とは、行政、住民ともに目的を共有する

2、行政と住民との協働とは、行政、住民ともに拠って立つ場の違いをお互いに理解しあって大切にする（違いがあるからこそ、協働が成り立つ）

3、住民と行政との協働とは、それぞれの拠って立つ場を理解し、尊重し合って、公益を目指す（個人的な利益ではない）・立ち位置が揺らぐと、協働が成り立たない（結果、普遍化されたものは、制度になる）・どちらも自立、対等な関係（もたれあい、隷属ではない）を維持

4、協働における行政の立場と、住民の立場、違いを活かし協働するには――

行政＝平等性、公平性、確実性、安定性、信頼性、継続性

・正しい現状認識、未来展望に基づき課題解決をしたいと願い

・目的共有のために、行政の立場の限界を表に出す

・力を合わせて課題解決しようという意思を伝える

・税金を財源とするため、前例のないことができない立場

住民＝自発性、柔軟性、即応性、先駆性、社会性、信頼性

・目的達成のためには、批判や要求ではなく、持てる力を出す

・ほっとけない、見て見ぬふりはできない、何とかしたい
・目の前の課題解決のために、何とかしたいと思えば平等性、公平性などにとらわれずに、柔軟に動ける立場を活かす
　・前例にとらわれず冒険ができる。心が動けば行動できる強み

◆目的が共有できないと、協働は成り立たない
・お互いの特性を尊重し合うことで対等なパートナーシップが築かれる
・パートナーシップを築くことで問題解決が容易になる
・パートナーシップを築くことで先駆性のある活動が容易になる
・必要に迫られ、何かしたいと、始めた活動が普遍化し、制度になる
・市民の自発性、先駆性、即応性の実績と、協働がなければ制度等になりにくい

◆前例がなく、形として見えず、効果が見えないものには税金を使えないことを住民は理解する必要がある

◆一方、課題解決しようと実際に動き始めた住民の動きを、行政の立場では、何に由来した動きか注視し、関心を持ち、見守り、協働し、普遍化する

◆動かなければ、変わらない

目的は共有できているか

河田さんは30年ほど前、有償の助け合い「まごころヘルプ」を立ち上げ、その後、新潟市福祉公社の組織の中での自主事業として「まごころヘルプ」を継続した経験などを持っている。このため、行政の特質もよく把握されている。行政の長を経験した記者の立場から見ても、非常に優れたまとめ方と思うので紹介した。

28日のミーティングでは、これらの資料を全員に配布し、特に「目的の共有」の重要性について熱く語られ、「なぜ地域包括ケア推進モデルハウス第一号となったのか？」「その目的は何なのか？」をみんなに問い掛けた。住民と行政が「実家の茶の間・紫竹」で協働する目的は「地域包括ケアを推進する」というもので、それを通して「ずっと安心に暮らせる地域」をつくっていくためではなかったか。「目的を共有できていれば、取り組みは前に進めます。大切なことは、目的を共有すること」と河田さんは熱っぽく語った。

河田さんは市役所と任意団体「実家の茶の間」の協働関係について、さらにいくつかの資料を用意しており、それを基に意見交換が進んだ。話し合いの最後に、河田さんは地域の方を含めて全員に発言を求めた。

最長老の一人、武田實さんが「このチームは、変にべたべたせずに、それぞれが役割を果たす。こんなすごい組織は、これまで見たこと、経験したことがなかった。河田さんは私よりずっと若いけど、私は本当に河田さんに勉強させてもらった」と語り出すと、「お当番さんは、河田さんと昔からの付き合いの人が多い。私なんか出番がないのでは、と思ったが、全然違った」「地域との関係づくりを任せてもらって、責任もってやらせてもらった」「どんな組織でも、その中にグループや仲間ができて、固まってしまうんだけど、このチームは違う」などの感想、意見が相次いでいた。

青空記者の目

河田さんは、「人と人、人と社会のつながりが失われていく中で、住民同士の助け合いを広げなければ、ずっと安心に暮らせる地域はつくれない」ことを説き、「新潟市との協働というが、実家の茶の間以外での協働の実践がほかに新潟市であったのでしょうか」と問い掛けた。住民と行政の協働とは、やさしいものではなく、また当然のことながら「もたれ合い」ではない。常にお互いが磨き合うことで辛うじて協働の糸がつながるような、危ういものなのかもしれない。

「楽しいカレー昼食が戻ってきたよ！」　２０２０年10月20日

「開設6周年」のお祝いを兼ねて

10月19日のお昼前、開設6周年を迎えた「実家の茶の間・紫竹」はいつにも増して活気があった。この日は実家の茶の間が2月下旬に活動を一時休止して以来、初めてとなる昼食提供が復活する日だ。

献立は、実家の茶の間のお昼で一番人気だったカレーライスで、昼食代は以前と同じ300円。茶の間の厨房では、お当番さんたちが久しぶりのお昼の支度に追われていた。運営委員会代表の河田珪子さんは晴れやかな笑顔を浮かべながらも安心安全にお昼が提供できるよう、気を配っていた。

「今日は、厨房に大勢の人が入らないよう、ご飯のお代わりはなしですよ。その分、カレーもご飯も盛りを良くしてね。どう、若い人、このぐらいの盛りでいいかしらね？」と、若手参加者に聞きながら、カレーライスの量を調整していた。

昼食再開までの道のりは長かった。夏頃から「お弁当を持ってきたい」と言う方が出始め、河田さんらは「ソーシャル・ディスタンスに配慮し、食事の時はおしゃべりなし」と新しいルールを決めて、徐々にお弁当ＯＫにしていった。秋口になると、河田さんは６周年の10月中旬をにらんで、さらに一歩を踏み出す。

「カレーライスでお代わりなし、これならお昼も出せるんじゃない？」と、お当番さんたちに探りを入れた。「いやぁ、お昼はまだ早いんじゃないですか」と言う人。「子ども食堂だって調理をしているわけだから、うちでも食事をつくることは問題ないですよね」と積極的な人。さまざまな反応を見ながら、河田さんはゆっくりとお昼づくりの機運を高めていった。

６年で３万３千人以上が参加

そして河田さんたちは、６周年記念日となる19日を「カレーの日」と定めた。中原八一新潟市長に出席をお願いし、快諾を得たことも河田さんたちを勇気付けた。記念日には「コロナ禍で迎えた開設６周年のご報告」をお配りする準備を進め、その中で６年間の実績を数字で示した。延べ参加者数は３万３千５百人に達した。

コロナ禍に襲われる前は１回平均60人以上の参加者の月もあったが、再開後は25人前後に減り、9月にようやく30人を超えた。参加料も従来の３００円から２００円に下げている。それでも、みんなでマスクをつくって売り上げを運営に回すなどの工夫をして前進を続けてきた。苦心の会計報告書・予算書もつけられている。

中原新潟市長もやってきた

コロナ禍の中、苦しみながら活動を再開しただけに、6周年を迎えられた喜びは大きい。この日は再開後で一番多く、およそ60人が参加した。その中には国が派遣した撮影チームの姿もあった。再開後初の昼食を出すだけに、いつにも増して衛生面での配慮が強化されていた。マスクにつける不織布やフェースシールドを全員に配布し、昼食は密を避けるため正午からと12時半からの「2部制」を取った。正午前、中原市長が到着。参加されたお年寄りたちと挨拶を交わす。

「また、茶の間で皆さんとお会いできるようになり、良かったですね」と話し掛ける中原市長に、お年寄りたちも「ホント、助かっていますて」などと応じていた。

昼食の前には、中原市長が「皆さんが、この素晴らしい場を6年間育ててくれました。

不自由なことがまだまだ多いと思いますが、ここでみんなとお会いすることで、コロナ時代を乗り切っていきましょう」などと語り掛けた。その後、第一陣にカレーが配られ、「おしゃべりなしの昼食」が始まった。それでも、みんな笑顔を浮かべ、お互いの顔を見やりながら、久しぶりの「茶の間カレー」を満喫していた。ただ、この時、お昼の本格復活にはまだ半年以上かかることを誰も知らなかった。

真の「モデルハウス」へ再スタート　２０２１年６月８日

コロナ禍での「２度目の５月」　決断再び

２０２１年、コロナ禍に見舞われてから2度目の5月がやってきた。

「実家の茶の間・紫竹」の河田チームは6月から、「実家の茶の間は地域包括ケアを実現するためのモデルハウス」という本来の目的を確認し、改めて歩き出そうとしている。その節目の会合が5月21日（金）に開かれた。この日のお昼過ぎ、実家の茶の間は運営日でもないのに玄関が開けられ、河田さんら30人ほどが顔をそろえていた。

「令和3年度　当番研修」と銘打った会合に、河田さんは期する思いがあったようだ。と言うのも、今年４月の年度明けから介護保険制度の「新潟市地域包括ケア計画『第８期計画（～２０２３年度）』」がスタートしたからだ。２０１８年度からの「第７期」は途中からコロナ禍が広がり、全国どこも満足な成果が挙げられなかった。それだけに「第８期」が極めて重要な時期になる。

この日集まったのは河田チームの中核「お当番さんチーム」のうち12人と、茶の間の運営を手助けしている「サポーター」が６人。お当番さんはほとんどが女性だが、一方のサポーターの皆さんは全員が男性で、実家の茶の間がある紫竹地区の住民だ。中には地域の老人クラブの会長もいらっしゃる。外回りの清掃・雑草取りから家の修繕、ごみ出しまで引き受け、見学者への応対や子どもたちの世話までやってくれる。当番さんとサポーターは、茶の間を切り盛りしてくれる両輪だ。

さらに、実家の茶の間を外から支援し、時には意見を述べる「助言者」的立場の人が５人。ここには新潟市の望月迪洋政策調整監や元市議、大学の研究者らがいる。前市長でもある「青空記者」は、河田さんに「応援団長」とおだてられ、この中に入れてもらっている。

ほかにオブザーバーとして県高齢福祉課と県社会福祉協議会（県社協）の担当職員らが

３人。そして、「実家の茶の間」の協働事業者である新潟市からは地域包括ケア推進課長と担当職員が参加した。

当番さんとサポーターの思い確認

まず、河田さんが「今日は、モデルハウスとしての実家の茶の間の役割や意義をみんなで再確認する機会にしたいと思っています。また、茶の間のこれからを考える土台として、当番さんやサポーターの方々が茶の間に関わることで普段どんなことを感じているかも率直に聞かせてほしい」と挨拶し、この会合の趣旨を簡単に説明した。

当番さんやサポーターらの茶の間に関わる意識から、茶の間の「現在位置」を知りたいという河田さんの気持ちが表れているようだ。

挨拶を受けて、当番さんから「茶の間に関わった動機・きっかけ」や「関わって良かったと思うこと」、「活動の中で自分が変わったと思うこと」などが語られた。「ここに来ているお陰で、日々が充実しています。当番が生活の張り合いです」「当番として活動してから、自分の気持ちがきちんと言えるようになりました」「自分が自分でいられる場でしょうか」などと当番さんたちが気持ちを語った。

サポーターの方々も同じように感想を語った。「紫竹に茶の間が開かれてから、友人ができたし、生きがいになっている。ここが本当の実家です」と87歳の方が言えば、老人クラブの会長は「ここは老人クラブにとっても、町内会にとっても必要な場になっています」と茶の間の役割の大きさを語った。

「勤めていた職場では人付き合いがなく無口だったが、茶の間ができて自分から積極的に話し掛けるようになった」という方や、「コロナ前は、全国からここに研修に来ていて、その方たちと話をして自らの研修にもなっていた」との感想もあった。

「ここは癒やしの場であり、思いやりの心が育つ場。多くの方の心遣いと協力で、地域の宝になっている」などの声に、多くの当番さんがうなずいた。

助言者たちの見方を聞く

当番さんとサポーターの感想から、茶の間の「現在位置」が見えてきた。「人助けのため」や「お世話をしている」などの関わりではなく、「生きがい」「自分のため」「学びの場」などの気持ちで、みんなが実家の茶の間に集まってくるのだ。

次に助言者たちが話し出した。「上野千鶴子さんは『安心して一人で死ねるか』を問うてきたが、それを可能にする仕組み・つながり合いをここでつくっているのではないか」「実家の茶の間のエキスを広げていけば、人権や尊厳を大切にする共生社会につながる」との見方や、「地域包括ケアは当初より活動範囲が広くなっている。新潟では8区のモデルハウスを活用して、地域での助け合いを本当に広げていけるのか――。当番さんや茶の間の利用者さんの本音を聞きながら、新潟で分析を続けていきたい」などの意見が出た。

河田さんと長く歩んできた望月迪洋・新潟市政策調整監の見方はこうだった。

「国は地域共生社会を掲げるようになったが、それを絵に描いた餅ではなく、生きたものにしていくには地域の具体活動しかない。実践活動のモデルの一つが実家の茶の間です。だから、ここを国も『さわやか福祉財団』も見ている。行政は単独で地域共生社会はつくれないが、新潟市が河田チームと協働したように、市民と組めばそれは可能だ。新潟市なら市全体に『地域での助け合い』を広げることができる」

最後に発言の番が回ってきた「協働事業者」の新潟市担当課長は年度替わりに交代したばかりだったが、「ここが地域包括ケアのモデルなんだと改めて感じました。行政も皆さんの意見を聞きながら柔軟にやっていくので、よろしく」と挨拶した。

また、ファシリテーター役を務めていた「支え合いのしくみづくり推進員」は、「今日の会合でみんなの気持ちが今までより分かってきました。コロナ禍の中でどう活動していけば良いか、悩んでいましたが、手法だけを伝えるのではなく、思いを伝え、広げていければ良いと感じました」と感想を語った。

青空記者の目

地域包括ケアシステムを構築する目標年度の２０２５年度は迫ってきているが、国全体を見ると「生活支援」と「介護予防」の拠点・システムづくりは停滞している。地域包括ケアを推進する方向性として、新たに「地域共生社会」との言葉を国は打ち出したものの具体イメージも伝え切れないでいる。

そんな中、「地域共生社会のイメージに最も近い場所」として、国は昨年度、実家の茶の間のコロナ以前の映像を使って改めてビデオを作成、全国の関係者に配布した。実家の茶の間に全国が注目しているのだ。自らの活動に注がれている全国の視線を意識しながらも、河田さんたちは原点を忘れず、着実に２０２５年度に向けて歩み出そうとしている。

「7月にお昼を再開」コロナ禍でも前進　2021年6月22日

「お待たせしました」　玄関に貼り紙

６月16日（水）、新潟市の「実家の茶の間・紫竹」を訪れた人は、玄関の貼り紙を見て、皆がびっくりした。そこには「お待たせしました。７月５日（月）から　具だくさんの味噌汁を中心にした　食事が始まります　参加費￥３００　食事代￥３００　運営は10時から16時までに変わります」と書かれていた。

「楽しみのお昼が、またみんなと食べられるようになる」「夕方も４時まで開けてくれて……。これで、コロナ前と同じに茶の間を楽しめる」などと語り合いながら、参加者は笑顔を広げた。

実家の茶の間は新型コロナウイルス感染の影響で、みんなが楽しみにしていた「具だくさん」の味噌汁を中心にした昼食の提供も休止とした。

その後、希望者は自前で調達したお弁当などでお昼を食べられるように配慮した結果、最近は午前から午後３時の終了時まで、ずっと茶の間で過ごす方が多くなっている。

しかし、茶の間でのお昼提供の再開は難しかった。コロナ後で昼食を提供したのは、開業6周年の記念日となる昨年10月、カレー昼食を皆さんにお出しした1回だけだった。

助け合いチケットも復活へ

「いつ食事再開を当番さんたちと相談するか――」河田さんはずっと悩んでいたように思う。

5月下旬の「令和3年　当番研修」で、当番さんらは「実家の茶の間が地域包括ケア推進のモデルハウスである」との位置付けを胸に刻み、その大きな目標に向けて進んでいく気持ちを確認した。では、大きな目標に向けて、どうステップを踏んでいけばよいのか――。

「それにはまず、実家の茶の間をコロナ前の姿に戻していくことですよね。お昼のお味噌汁を復活し、活動時間を以前の午後4時まで延ばす。炎天下の午後3時にお年寄りからお帰りいただくのは心苦しいですから」と河田さん。「この形になれば、参加費・食事代はコロナ前に戻ります。参加費を200円から300円に増額いただく負担感を少しでも減らすため、以前に出していた実家の茶の間の回数利用券（1回利用券6枚で1500円）も復活させねば」と河田さんは考えてきた。

実はこの回数利用券、「助け合い」にも活用されていた。実家の茶の間の利用者同士、ちょっとした買い物とか、病院への付き添いなどの頼みごとをする時、ワンコイン替わりに回数券をお渡しする。頼まれた側は回数券をいただき、それを茶の間の利用券として使うシステムがコロナ前にはかなり広がっていた。

「昼食の提供」「午後4時までの活動時間」「回数利用券」この3つが復活すれば、実家の茶の間はコロナ前の姿に大きく近づくことになるのだ。

お昼休みに参加者の声を聞く

河田さんは、自らの思いが独り善がりになっていないかを確認するため、お昼休みなどに参加者の声を聞き始めていた。

参加者の方はコンビニ弁当などを食べながら、「これでお汁があればねえ」とか、「あの具だくさんの味噌汁が懐かしいね」などと話をし、皆が茶の間のお昼の復活を待ち望んでいた。それでも一方では、「万が一、お昼を出してコロナ感染につながったらどうしよう」「もう少し待って、ワクチンが普及してからでも遅くないか」との気持ちも湧いてくる。

「お昼の復活」――それはずっと河田さんの頭にありながら、当番研修の時にも言い出すことを躊躇していた言葉だった。

迷っていた河田さんが意を決したのは、14日（月）のお昼前だった。「とにかく、当番さんたちに相談してみよう」――そう決めて、当番グループのまとめ役にまずささやいてみた。

「河田さんから話を聞いて、『おっ、やっと来たか』、という思いと、『まだ早いかね』という戸惑い。両方ありましたね、でも、お昼を出せば参加されている方が喜ぶのは間違いない。みんなでやろう！　そう、思いました」と会計役の藤間優子さん（73）は言う。当番さんの組み合わせをつくる長島美智子さん（69）は「河田さんが参加者の方にお昼のことを個別に聞いていたので、そろそろかな、と思っていました。皆さんに聞いても、反対の声はありませんでした」と平静に受け止めた。渡部明美さん（60）も「はい、あっと言う間でした。14日に決めて、すぐ貼り紙ですから。すごいですよね、ここは」と笑いながら振り返った。

「7月食事再開」へ、みんなで一丸　2021年6月26日

「実家の茶の間・紫竹」では7月からお昼を再開することを決め、茶の間に関わるみんなが一丸となって7月からの食事再開に向けて動き出した。

「4人当番制」復活に、電話掛けまくり

お当番さんの「まとめ役」の一人、長島美智子さんは、「昼食復活」の方針が固まると、すぐに7月のお当番さんダイヤづくりに仲間たちと取り掛かった。

お昼をお休みしている今は毎回の当番さんを二人でこなしてもらっているが、お昼を復活するとなると料理担当2人が加わり、4人体制になる。7月からの新しい当番ダイヤをつくるのは大仕事だ。14日の方針確定を受けて、お当番さんをやってくれる方たちのリストを見ながらの電話掛けが始まった。

「実家の茶の間」では、ひと口に「当番さん」と言っても多種多様だ。何でも任せられるベテランの人や、いつでもお願いできる人もいらっしゃるが、仕事などを抱えて「お当番

できるのは月1回」とか、「この日なら大丈夫」と制約のある中で動いてくれる方も多い。茶の間のお昼をつくることに慣れている人と不慣れな人をうまく組み合わせて「良い4人チーム」をつくるのも長島さんたちの役割だ。

一方、会計担当の藤間優子さんは昼食用の食材をそろえる準備に大忙しだった。「おコメや味噌・醤油など、一切を処分していたから、すべてを新たに買いそろえないとね。そのために5万円を下ろすことを河田さんと決めました。後は来週、具だくさんの味噌汁をメインにした献立に合わせて、野菜などを用意します。そして、来週末は食器の煮沸消毒ですね」と段取りを考えていた。

河田さんも「昼食を出す時のもう一つの問題は、食事代300円で今できるかですね？　コロナで食材の値段も上がっているし」と藤間さんと話をし、「具だくさんのお汁をメインにしたお昼は、いつも20品目以上の食材を入れていて、それが人気だったし、栄養面でも良かった。野菜を切る大きさもサイズを決めています。

お年寄りが食べやすいことが一番だし、スタンダードを決めておくと、誰でも料理当番をやってもらえますからね」と基本を教えてくれた。

回数利用券で助け合いも復活

この日、当番役の渡部明美さんは、コロナ前の「実家の茶の間・回数利用券」の購入状況を調べていた。この回数利用券は「助け合い」にもワンコイン替わりに使われていたものだ。

河田さんチームは、コロナで茶の間をいったん閉めた際、全部払い戻しをして精算していた。再発行に当たり、誰が回数利用券を欲しているのかを把握し、お求めになりたい方にはできるだけ早く情報を伝えるようにしているのだ。

「この購入リストを見ると、誰が助け合いに利用しているのか、大体分かります」「茶の間にほとんど来ない方でも購入されている。その方は、頼みごとをする時、この券を活用されているんですね。だから、助け合いは茶の間に来ない方にも広がっていたわけです。回数利用券を再発行すれば、助け合いの復活にもつながるわね」。河田さんと渡部さんは、そう話し合っていた。

青空記者の目

すごいスピードでコロナ前の姿に戻る取り組みが進み出した。一方、河田さんは休止中の「助け合い　お互いさま・新潟」のことが気になっている。

「実家の茶の間の参加者同士の助け合いは続いているけど、助け合いは8区のモデルハウスから市全域に広げることを目指しています。茶の間に来ることができない方も助け合いの輪に入れることが大きな目標でしたから……」と河田さんは言うのだった。

朝のミーティングから気合十分　２０２１年７月６日

7月5日の午前9時30分。新潟市の「実家の茶の間・紫竹」には、運営委員会代表の河田珪子さんをはじめ、お当番さんや地域のサポーターら15人が顔をそろえていた。

実家の茶の間では運営日の度に、お当番さんらがミーティングを開き、衛生・安全面の対策を確認し、その日の運営に万全を期すことが日課になっている。この日は1年4カ月ぶりに「お昼」を再開する初日とあって集まったメンバーの数も多く、気合も一段と入っている感じだ。

「今日のご飯はうまいよ！」

11時半過ぎ、調理室では30人分の昼食が整い始めていた。メインは「具だくさんの豚汁風味噌汁」で、副食は「油揚げの煮付け」だ。

お茶碗に盛られた「銀シャリ」が、うまそうな輝きを放っている。サポーターの武田實さんが、ご飯を見やりながら「今日のご飯はうまいよ。なにせ二升炊きの電気釜を昨日買ってきたばかりだし、おコメも良いものを用意したからね。ご飯はやっぱり、いっぱい炊くと美味しいのよ」と解説してくれた。正午前には「お昼」の態勢が整った。

自分たちの前にお膳が来ると、「これだて。これを待っていたんだわ」と再開されるお昼を前に嬉しそうな声が響く。お昼のＢＧＭが流れたら「黙食スタート」の合図だ。参加者はお弁当の時から「黙食」に慣れているせいか、落ち着いた様子でラップを取ってからマスクを外し、ゆったりと1年4カ月ぶりの昼食を楽しむ。食べ終わった人からマスクをつけ、「いやぁ、おいしかった」「みんなで食べるー待ってた、この味らて！」と、確認するように感想を述べ合っていた。

全員が食べ終わり、それぞれが自分の食卓を消毒し終えると「片付けができる方はお手伝い、お願いします」の声が掛かる。体が利きにくい方のところへは、すぐにスタッフがお膳下げに入る。
昼食再開の初日はすべて順調だった。

「青空記者の目」

実家の茶の間の昼食で、お当番さんたちが気にしている一つは栄養だ。この日も使われた食材がすべて書き出され、壁に貼り出されていた。
「おコメや調味料は別にして20品目が最低必要なのよ」「品目は20以上だったけど、青物が少し足りなかった気がする。野菜は明日、買い増ししましょう」などの声が出され、河田さんは「今日の反省会で、今のような意見を出し合っていきましょう」と引き取っていた。河田チームは常に「改善」を考えている。

「お昼の食材、また増えたね！」 2021年7月14日

「今日の食材」リストも変わった

7月に昼食を再開して3日目の運営日となる7月12日（月）午後、「実家の茶の間・紫竹」は、すっかり落ち着きを取り戻していた。

食事の準備

「昼食再開の最初の日は、みんな緊張していたけど、もう元の茶の間に戻りました。あっという間ですね」――運営委員会代表の河田珪子さんをはじめ、お当番さんたちも寛いだ様子で「茶飲み話」をしていた。いつも壁に貼られている「今日の食材」を見せてもらうと、食材が毎回充実してきている。食材リストは前回と書き方も変わっていた。

「みんなで話し合って、どんな食材があるのかを分類した方がいいってことになったの」

「それで今日はこんな形で分類することにしたんですよ」とお当番さんが説明してくれた。

なるほど、①タンパク質②根菜③緑黄色野菜④きのこ――との分類項目が書き込まれ、色で分別されていた。

小4の「4人組」が登場

午後3時半を過ぎて、河田チームが「午後4時までの時間延長」にこだわる意味がよく分かる出来事が起きた。茶の間の「時間延長」を誰から聞いたのか、近くの江南小学校の4年生4人組が遊びにきたのだ。入念に消毒した後、慣れた感じで座敷の隅にある子ども用のおもちゃを置いたコーナーに入っていく。

「この子たちは小学校2年の時に、学校でここに来ていて、みんなお馴染みさんなんですよ」とお当番さんが教えてくれた。午後4時まで茶の間が開いていると、学校を終えてから遊びに来られるらしい。子どもたちの歓声で、急に茶の間が賑やかになった。「やっぱり、子どもたちが来ると、いいねえ」とお年寄りの表情も明るくなる。子どもたちがひとしきり遊ぶと、すぐに茶の間を閉める4時になった。「またね！」と、お年寄りたちに挨拶をして、子どもたちが帰っていく。こんな風景に出会えるのも「少しでも、コロナ前に戻ろう」と、実家の茶の間のみんなが「前に出た」からだろう。

「ピンチをチャンスに」　助け合いは継続　２０２１年８月18日

感染再拡大、9月上旬まで「お休み」

新型コロナウイルスの第5波が首都圏などから地方へ急速に広がってきた。

新潟県も8月に入り、連日のように「過去最多」の感染者確認が続いている。この様子をじっと見ていた実家の茶の間運営委員会のメンバーはお盆前、大きな決断を下した。

「いったん活動をお休みにしましょう。期間は取りあえず9月上旬までにして、後は様子を見ながら、柔軟に対応しましょう」

代表の河田珪子さんは、お当番さんたちに相談しながら、そう方向を決めた。お昼を7月に復活させたばかりだったが、大切な参加者と「茶の間」という場所を守るための決断だった。

茶の間の運営日の16日（月）、朝のミーティングで河田さんはお当番さんたちと休止期間の対応について話し合った。

「運営日の月曜と水曜には、お当番さんはいつも通り茶の間に詰めることにしましょう。18日からのお休みを知らずにいらっしゃる方がいるかもしれないし、コロナの感染拡大で不安に思われる方の相談にも乗っていきたいから」

「知らずにお出でになった方には、お茶を飲んで休んでいっていただきましょう。但し、時間はまず30分程度にしましょうね」などの方向が決まっていった。

この日いらっしゃる方には「18日からの休止」をお知らせしつつ、運営日にはお当番さんが詰めているので「心配事は何なりと相談を」と伝えることにした。

「お互いさま・新潟」再起動のきっかけへ

河田チームは「ピンチをチャンスに変える」手だても話し合っていた。

「感染拡大で色々と心配な方も増えるでしょうから、簡単な困りごとは助け合ったらどうでしょう」「例えば一人暮らしで買い物に困る方には、助け合いで買ってきてあげたらどうかしら。家に入らずとも、玄関に置いて差し上げるだけでも助かる方はいらっしゃると思う」などと、具体的な方向が固まった。

昨年、茶の間の活動を休止した際は、回数利用券はいったん回収し精算した。しかし、今回は回収はしないことにした。

6枚1500円の回数利用券は、有償の助け合いにワンコイン替わりに使われることも多いからだ。「利用券はワンコイン替わりに積極的に使っていただきましょう」と、河田さんたちの意見は一致した。

茶の間での助け合いを継続することは、コロナ禍で昨年から活動が休止している有償の助け合い「お互いさま・新潟」を再起動させるきっかけにもなりうるのではないだろうか。

国が掲げる「地域共生社会」を絵に描いた餅にしないためにも、地域での助け合い「お互いさま・新潟」は不可欠なのだ。このことがずっと気になっていた河田さんは、先月開かれた新潟市の「戦略会議」の席上、こう質問した。

「新潟市として、お互いさま・新潟は中止なのでしょうか、休止なのでしょうか?」と。

市の担当課長の答えは明快だった。「休止です」。「中止と言われたら、どうしよう」と案じていた河田さんたちは、このやり取りで今後の再起動への手応えをつかんでいた。

「活動休止でも、できるだけのことをやろう」　２０２１年８月20日

新潟市の「実家の茶の間・紫竹」は、新型コロナ感染拡大を受けて8月18日（水）から9月上旬まで「お休み」することとなった。

しかし、運営日には運営委員会代表の河田珪子さんをはじめ、お当番さんが茶の間に詰めるという。どんな雰囲気になっているのだろうか、お休み初日の18日昼過ぎ、実家の茶の間を訪ねてみた。

みんなの表情には余裕が――

実家の茶の間の玄関に入ると、いつも通りお当番さんが出迎えてくれた。検温の後、利用料を払おうとすると、いつもの３００円から１００円に「値下げ」されていた。中に入ると河田さんらが笑顔で迎えてくれた。この日のお当番さんのほか、実家の茶の間の運営を支えているメンバー数人も顔をそろえている。昨年2月末からの「活動休止」の時は、「これから、茶の間はどうなるんだろう？」との緊張感があったが、今回はみんなの表情に

余裕がある。

朝のミーティングでは「お休みを知らずにいらっしゃった方は、先方のご都合もあるので柔軟に対応する」ことなどを確認したそうだ。案の定、午前中には「お休み」を知らずに訪れる方がいらっしゃった。特に久しぶりに顔を出した外国人の親子連れは、お弁当も持参されていたので、「黙食」を徹底の上、お昼も食べていただいた。

「助け合い」に十分な配慮

実家の茶の間がお休みになっても「助け合い活動」は続けられるよう、河田さんたちはいくつかの準備をしていた。これまでは、実家の茶の間で顔を合わせる者同士で買い物や通院などを助け合ってきたが、しばらくは茶の間に来られない人も出てくるし、コロナの広がりで逆に手助けが必要になるケースも考えられる。

そこで河田さんたちはお年寄りたちに、「心配な方は、自分の家の場所を住宅地図でマークしておきますか」と呼び掛けておいたのだ。何人もがこれに応じ、マーク済みの住宅地図はお当番さんが管理することにした。

そして、実家の茶の間は「お休み中」でもきっちりと役割を果たしていた。長島美智子さんと渡部明美さんは、茶の間の常連さんや協力者に「18日から当分の間、お休み」の電話連絡を続けている。電話掛けの様子をしばし見守っていると、逆にかなりの電話が掛かってくることにも気付いた。

その多くが「河田チームの話を聞きたい」との依頼だ。「18日からお休みなんですよ、と言っても、『その方がゆっくりお話を聞けるからいい』と言う方もいらっしゃる」そうだ。

案内板に貼り出される茶の間の「訪問」や「利用」情報は、お休みになっても逆に増えている。実家の茶の間はお休み中も、「機能は生きている」のだった。

青空記者の目

新型コロナの感染拡大により、実家の茶の間が「お休み」を決めたことはやむを得ない。

ただ、よく耳にする「不要不急のものは取り止めを」とのフレーズに重ね合わせると、少なからぬ違和感も覚える。実家の茶の間が「介護予防」や「生活支援」の拠点になっていることを考える時、茶の間を誰が「不要不急の存在」と呼べるのだろうか。河田チームの活動を見ながら、そんな疑問が消せなかった。

「茶の間が開いてるだけで、元気になれる」　2021年9月1日

8月30日（月）の朝10時ちょっと前、新潟市の「実家の茶の間・紫竹」を目指して、佐藤静子さんは歩みを続けていた。80歳になった佐藤さんは足がやや不自由だが、表情は明るく気持ちが弾んでいるように見える。

実家の茶の間に着いて玄関に入ると、「おはようございます」とお当番さんが元気に出迎えてくれた。「あら！　佐藤さん。お久しぶり」とほかの当番さんから声が掛けられ、佐藤さんも笑顔で応える。

佐藤さんは、実家の茶の間が新型コロナの感染拡大で18日から「お休み」に入った後、茶の間に顔を出すのは初めてだった。「もっと早く来たかったんですけど、様子を見ていました。お当番はいらっしゃると連絡を受けていたし、家にいても寝てばっかりですから、今日は出掛けてきたんです」と佐藤さんは嬉しそうに話していた。

「茶の間に来られて、ホッとしています」

この日も10時になると運営委員会代表の河田珪子さんをはじめ、お当番さんや参加者たちが輪になって恒例の朝のミーティングが始まった。佐藤さんら茶の間の参加者も入って総勢15人ほどになっている。この日の本題ともいうべきテーマが始まった。

「実家の茶の間のお休みをいつまでにするか、ですよね。メドは『9月上旬』としていましたが、『9月中旬から、開きます』と言えるかどうかですね？　お休みに入って初めてお出でいただいた佐藤さん、今の茶の間はどんな感じですか？」と、河田さんが佐藤さんに話を振った。

「今日は娘が『久しぶりに行ったら？』と勧めてくれたので、出掛けてきました。ここに来られて、ホッとしています」と笑みを浮かべた。家がご近所の佐藤さんは、外から茶の間の様子を見、いつも茶の間のことを気に掛けていたそうだ。

「茶の間が開いているだけで、元気になる方がいらっしゃるんですね。やっぱり行くところがあるのは大事。ここは皆さんがいつでも来られる場所にしておきたいですね」と河田さんが佐藤さんの話を受けて、こう答えた。

難問は、お昼の提供と休止期間

次いでお昼の提供をどうするかに話題は移った。「お弁当を持ってくる方もいらっしゃるけど、お昼の提供はどうでしょう？」との河田さんの問い掛けに、長島さんが「懐かしがって話に花が咲き、長くいらっしゃる方もいますが、この感染状況では、食事をお出しするのはまだちょっと早いのでは」と反応する。

サポーターの武田實さんも「もう少し、様子を見たらどうか」と方向付けをし、お昼はもう少し状況を見ることになった。

いよいよ「いつまでをお休みにするか？」との難問が話し合われる。渡部さんは「当面は休止状態を取りつつ、ここに来ていただいた方にお茶を飲んでもらって、落ち着いていただくことでしょうか」と発言。

当番チームの一人、桑原洋子さんも「今、とってもコロナが怖い状況なのでねえ。来られた方がお茶を飲んだり、利用されたりする分にはいいと思う」と続いた。長島さんも「お昼も含めて、（国の緊急事態宣言期間である）9月12日の日曜日までは今のままで様子を見たらどうか」と言う。

河田さんが話を引き取って、「早く休止状態は終えたいですけど、まずは様子を見ていくことにしましょう」と語って、この日の話し合いは終わった。

8月30日のミーティングで、「実家の茶の間・紫竹」をお休みする期間などについて話し合った運営委員会のメンバーは、９月１日に新潟市が「ほぼすべての市立施設を３日から16日まで休館する」との方針を打ち出したことを受け、実家の茶の間も「16日までお休み」を決めた。

２日には河田さんらが実家の茶の間に集まり、そのことをお当番さんらに電話で連絡した。この期間は運営日にもお当番さんを置かず、河田さんらが自主的に茶の間に詰めて、訪れる方たちに対応する。

河田さんは「コロナ感染は、これからも何回か波があるでしょうから、その波に合わせながら柔軟に対応していきます」と、落ち着いた表情で語っていた。来週６日（月）からの運営日は、玄関は開けて訪れる方に対応しながら、衛生面に最大限配慮していくことにした。

住民主体の運営　「利用される方の視点で」　2021年9月16日

新潟市の新方針に即時対応

前述の「追記」でも触れたように、新潟市が新たな方針を打ち出した9月1日の河田チームの対応は素早かった。

① 週明けの6日から16日までは「休止状態」をさらに徹底し、当番さんもお休みとする
② この新方針を関係者に電話などで連絡するため、運営日ではないが2日（木）に集まれるメンバーは実家の茶の間に来て必要な作業を分担する

――といったものだった。

急な方針変更の事後処理が気になって2日午後、実家の茶の間の様子を見にいくと、河田さんら4、5人のメンバーが落ち着いた表情で役割をこなしていた。そして迎えた6日朝、この日のお当番さんは連絡通り「詰めていない」状況だったが、河田さんをはじめ当番グループの何人かが顔を出していた。

「知らずにいらっしゃる方がおられると思っていましたが、やはり何人かいらっしゃいま

した。茶の間に入っていただき、コーヒーなど飲んでいただきました」と河田さん。こちらが「休止中」の利用料１００円を払おうとすると、当番グループの一人が「今日は無料です。実験的に、いただかないことに決めました」と、笑顔で伝えてくれた。

「でも、タダは居心地が悪いような気がする」と口にすると、「確かに無料だと、利用者さんが逆に遠慮するかもしれません。だから『実験』と言っています」と、柔らかく反応してくれた。

気兼ねないように利用料を復活

結局、「実験」は一日で終わった。８日（水）の運営日には利用料１００円が復活していた。

逆にこの日は「コーヒーはなし」。実家の茶の間は「休止」と「やむにやまれぬ利用」との間で揺れ動いている。「柔軟対応はいいですけど、結構コロコロ変わりますね」との意地悪質問を河田さんにぶつけると、こんな言葉が返ってきた。

「ここは一般で言う地域の茶の間ではありません。茶の間の機能はあるけれど、新潟市の地域包括ケア推進モデルハウスという位置付けが、その前にありますよね。モデルハウスは住民主体の活動ですから、利用される方の立場、視点で考えて、対応を決めていく――開けるか、閉めるか。開けるとしたら、どんな開け方をしていくのか。常に利用者の側に立って、対応を決めていくんです」。「利用者の側に立つ」ことがモデルハウス運営の神髄のようだ。

メインは「7周年写真展」みんなが協力　2021年9月30日

「しっかりと記録しておこう」

実家の茶の間が、この紫竹地区で活動を始めてから10月で丸7年になる。

今、河田さんらは「コロナ禍の中での茶の間運営」という難しい局面にありながら、「実家の茶の間7周年」の記念事業について思いを巡らしている。それも「地域包括ケア推進モデルハウスとしての歩みを、しっかりと記録しておくべき」との考えがあるからだ。

9月13日午前10時の実家の茶の間。この日も朝のミーティングが始まった。いつものように茶の間運営に当たっての注意事項をこの日のお当番さんが読み上げ、みんなで確認する。感染予防などの徹底を互いに呼び掛けた後、河田さんが「7周年事業」について改めてみんなの意見を聞いた。まとまった方向は、「密にならぬようにして、これまでの歩みを振り返る7周年にする」ことで、「写真展」がメイン候補に挙がってきた。

河田さんたちはコロナの下での茶の間運営で、「ここは地域包括ケアのモデルハウスなんだ」との認識をさらに深めていた。

「みんな、できることは自分でやりながら、地域で助け合って生きていく——そんなモデルを紫竹の地につくれたことに感謝し、これまでの歩みを振り返るには写真展が一番良い」が大方の意見だった。河田さんたちは、これまで撮り続けてくれた写真の整理・分類など、下準備に入っていた。

「写真には写っていないものがある」

幸い、地域のサポーターの一人、島貫貞夫さんらが節目節目で写真を撮ってきてくれたし、それを大きく引き伸ばすのに協力してくれる人もいた。

コロナ前の写真の大半は、大勢の人で賑わう茶の間の様子を活写しており、笑顔のあふれるものが多かった。「前は、こんなにぎゅうぎゅう詰めだったんだよね」「子どもたちも、しょっちゅう来てくれて、楽しかったわ」などと、写真を見ながら話が弾んだ。

地域の学校の子どもたちやこども園の園児たちだけでなく、自治会や老人クラブ、お嫁さんの会などが実家の茶の間を重宝して使ってくれていた。「地域の皆さんから来ていただいて、ここを地域の宝に育てていただいた。だから、茶の間の活動でなくとも、できるだけ飾った方がいいね」とも話し合っていた。

写真を分類し、これまでの歩みと重ね合わせているうち、河田さんは「ここには写っていないものがある」ことに気付いた。それは「実家の茶の間・紫竹」のご近所の方たちのことだった。

「色んな方から来ていただき、ここを地域の宝に育てていただいたのは、すごいこと、ありがたいことです。でも、その前に一番身近で大切な、ご近所さんとの関係があるわけですよね。地域の方々が長い生活の中で積み上げてきた関係性・恩恵の財産をいただいたからこそ、実家の茶の間を運営してこられたはず。でも、私たちはそこにあんまり光を当ててこなかったんじゃないでしょうか」

13日の朝のミーティングで、河田さんはお当番さんらにこう語り掛けた。

お茶一杯飲んでいない方たち

そんな河田さんの言葉に、実家の茶の間が歩み出した頃を知るお当番さんたちはみんな、当時のことを思い出していた。

取り壊し寸前の家を模様替えし始めた時、「一体何ができるんだろう」「新興宗教の関係じゃないのか」――などの疑問が地域に広がった。その疑問を一つひとつ解消し、地域の協力を得るよう、河田さんたちは努めてきた。昔を知らないお当番さんは、今のご近所さんの顔を思い浮かべていた。

大雪の時、実家の茶の間の前の除雪を手伝ってくれる人、自分の駐車場を「空いている時は、いつでもどうぞ」と貸してくれる人、日用品や衣類を茶の間のバザーに寄付してくれる人、家の畑の野菜を持ってきてくれる人など――みんな茶の間に入ってお茶の一杯も飲んでいない方たちだった。

「私たちが使う、実家の茶の間のすぐ前の駐車場もご近所さんが貸してくれましたし、大家さんは消雪パイプも設置してくれた。でも、その方たちは茶の間にお入りいただいてないから、当然、写真にも写っていませんよね」と話を続ける河田さん。お当番の渡部明美さんが、すかさず反応した。

「その関係を知っていただくにはどうすればいいでしょうか？　写真はないわけですから、ほかの方法が必要です」と提起する。まずは、実家の茶の間を中心に「向こう三軒両隣」をはじめとする「ご近所さん」の顔を一人ひとり思い浮かべつつ、お世話になったことをまとめる作業を始めることにした。7周年の記念展に、また一つ、新しい要素が加わった。

青空記者の目

かつて河田さんは「ご近所との関係づくり」を「小石を敷き詰めるように」と表現したことがある。「実家の茶の間・紫竹」は、その周りに「丁寧に小石が敷き詰められているからこそ」7年にわたって機能しているのだ。実家の茶の間の「内部だけ」、「来る人だけ」を気に掛けているようでは、地域包括ケア推進のモデルハウスにはなれないのだ。

ご近所からの支援　みんなでリストアップ　２０２１年10月４日

９月後半に入ると、新型コロナの感染拡大に目に見えてブレーキが掛かり始めた。「実家の茶の間・紫竹」ではこれにも勢いを得たのか、「活動7周年」の記念展への準備に拍車が掛かってきた。

写真をテーマごとに分類する作業には、お当番さんだけでなく茶の間の参加者も活躍する。「まずは、時系列で並べるコーナーがいりますよね」「実家の茶の間を開設する準備段階の写真はどのくらいありますか？　２０１４年の８月から10月までのものですね」など と、話に花を咲かせながら作業が進む。もっとも、すべてマスク越しの会話にはなるのだが……。

地域からの利用もテーマに

９月末には、さらにテーマ分類が進んできた。「実家の茶の間はお年寄りだけでなく、子どもたちが来てくれるところが魅力。それを集めましょう」との声が挙がる。

もう一つ大事な要素があった。「地域の方からの利用」だ。実家の茶の間は、運営日以外の日にも地域の方から色々と利用されている。これも片山さんを中心にまとめると、「自治会・老人クラブ・農家組合の会議・会合」「踊りの会・お嫁さんの会・子ども会などのお楽しみ会・食事会」「防災訓練」などに活用されていた。「これは、それぞれの会から撮りおきの写真を提供してもらいましょう」と方向が決まった。

さらに記念展には、先日の話し合いから重要な要素が加わっていた。それは「ご近所の力」だった。さまざまな場面で実家の茶の間の運営を下支えしてくれている「ご近所さんの支援」だ。河田珪子さんが言う、「協力してくれていても、茶の間に入ってお茶一杯飲んでいったことのない方」のことだ。

従って、その方たちの支援は写真に残ってもいないが、実家の茶の間はそんな身近な方たちから支えられて丸7年を迎えることができたのだ。写真に写っていないものをどう表現するか？　お当番チームは意見を出し合い、実際にこれまでいただいた支援をリストアップすることにした。早速「地域からのご支援」を書き出す作業に取り掛かり、参加者の皆さんも協力した。

多彩な支援を貼り出してみた

ご近所からいただいてきたご支援の情報は、あっという間に集まった。それぞれがメモしたものをワークショップ形式で貼り出すと、「木の剪定、花の水やり、ごみ捨て、お茶出し」「足の不自由な人への買い物の手助け」「買い物への車運転」「自家製野菜の提供・販売」「バザーへの手づくりバッグ・衣服の寄付」「バザーの品提供（食器・衣類）」「茶の間に掛ける時計の寄付」「企業からのエアコン・ガスストーブ・冷蔵庫・ガス台の寄付」「ビデオ作成、写真提供」「定期的な寄付金」「花苗の寄付、花植えの協力」「外周りの草取り・清掃」「駐車スペースの無料提供」「雪のけ」「昼食に使う自家製味噌の仕込み」「トイレットペーパーの提供」――などが挙がってきた。

中には「自分のアパートの駐車場を、『昼間いない時は、使っていいです』と、わざわざ車を止めて言ってくれた」などの情景を交えて書いてくれた方もいた。

「振り返るだけで良いのか」

写真展をメインにした7周年展の準備が進むと、また新たな疑問が出てきた。それは「振り返るだけで良いのか？」ということだった。河田さんは「振り返るだけの7周年でいいんでしょうかね？」と提起。

それを受けて「実家の茶の間では、何を、どんな気持ちでやってきたのか？　活動の基本というか、精神の確認も必要ですね」「茶の間に掲示している標語・モットーも記念展の中に入れ、みんなに見てもらった方がいいのでは」などの意見がお当番さんから出てきた。

「それなら、実家の茶の間が大切にしているフレーズなどをまとめて、一つのコーナーにしていきましょう」との方向が新たにまとまり、その準備も始まった。「実家の茶の間7周年」には、まだまだ新たな要素が加わるようだ。

「憩いの場」が「作業場」に大変身　2021年10月8日

「これからを考える」の文字を追加

「実家の茶の間・紫竹」では、活動7周年の「記念展」を10月18日（月）から20日（水）までの3日間で開催することも決まり、その準備が急ピッチで進み始めた。

4日（月）に実家の茶の間を訪れると、玄関に7周年の記念展を案内するポスターが貼り出されていた。実家の茶の間では、地域の方に茶の間の活動の様子や予定などをできるだけ知ってもらおうと、何かにつけて「ご案内」を掲示し、外からも見ることができるようにしているのだ。

このポスターは、お当番さんの中でデザイン力があって字もうまい高見久美子さんが担当したものだ。ただ、作業中に見た時には「祝７周年」の下というか、「写真展」の前のスペースが空白になっていた。

「ここに、どんな文字を入れましょうか？」と高見さんが問い掛け、「活動を振り返る」とか「懐かしの」などの候補が挙がっていた。それがこの日見ると、「これからを考える」という文字が収まっていた。なるほど。写真展を単なる「回顧展」ではなく、実家の茶の間の今後の活動について「思いを巡らす写真展にしていこう」とのお当番チームの思いが込もったポスターに仕上げたのか――そう考え、得心がいった。

実家の茶の間の中に入ると、普段は「憩いの場・寛ぎの場」となっている空間に、写真展に飾られる数多くの写真が散らばり、雑然としていた。よく見ると、写真展のメインになると思われる「ある日の茶の間」とのタイトルで、いくつかのパターンがつくられていた。

１枚の型紙に小さ目の写真ばかり20枚以上並べられたもの。やや大きめの写真２枚と小

７周年の準備をする利用者

さ目の写真を20枚近く並べたもの。

大き目の写真４枚と小さ目の写真を16枚配置したもの——などのパターンがあり、利用者のお年寄りたちも写真展を準備する当事者になって感想を述べ合う。写真を眺めながらの共同作業は利用者を刺激し、活性化しているようだ。

大切にする「精神」をカードに

一方、普段は事務室に使っている部屋では、実家の茶の間が活動の基本精神とする標語・目標・モットー・呼び掛けなどを大きめの文字にしたカードが整理され、紙に貼り出す作業が進められていた。作業の担い手は地域のサポーターの皆さんで、大きな催しを準備する時には欠かせない戦力だ。

カードの文字を見やると、活動の呼び掛けとしては「どなたが来られても『あの人だれ！』という目をしない」「プライバシーを聞き出さない」「その場にいない人の話をしない」の３つ。

実家の茶の間が目指す方向を示すものとして、「ここはサービスの利用者は一人もいない。いるのは場の利用者だけ。」「何をしてもいい。何をしなくてもいい。」が飾られた。「サービスの利用者はいない」とのフレーズは、河田チームがとりわけ大切にしているものだ。

「サービスを受ける側、お世話する側」との垣根をなくし、「茶の間に来た人ができることをし合う」関係をつくり、「何をしてもいい、何をしなくてもいい」個の尊重に結び付けている。だから実家の茶の間では「さぁ、皆さん。みんなで一緒に……をしましょう」などのスケジュール消化型ではない運営が特徴になっている。これが独特の「ゆったり感」を生んでいる。

そして、河田チームが実現を目指す大きな目標が２枚のカードに書き込まれていた。

「空き家を活用して　地域の宝になる」と、「助けて！と言える自分をつくる！　助けて！と言い合える地域をつくる！」の二つだ。

　これらのフレーズは、実家の茶の間を訪れる方にとって目新しいものではない。しかし、こうやって並べてみると「訴求力」が出てくる。18日からの写真展では、訪れた方がこのカードを掲示したコーナーに目をやるだけで、実家の茶の間の精神が少なからず伝わるはずだ。７周年の写真展は、実家の茶の間の「これからを考える」スタートにもなりそうだ。

青空記者の目

　実家の茶の間の７年間の活動で、大目標の一つ「空き家を活用して　地域の宝になる」ことは、ほぼ達成されつつあると思う。二つ目の「助けて！と言える自分をつくる！　助けて！と言い合える地域をつくる！」のレベルまで進むことは、大変に難度が高い。国は、２０２５年度までに構築しようとする「地域包括ケアシステム」のイメージを「地域共生社会」と言い始めたが、30年前から「地域の茶の間」に取り組み、「住民主体」「ご近所単位」を大切にしてきた河田チームは、その頃から「地域共生社会」をつくろうとしてきたのではないか。そして7周年を迎えた今、「助けて！と言い合える地域づくり」をある程度実現したように思える。

「疾風怒濤」の３日間、７周年展は大成功　２０２１年10月22日

「さわやか福祉財団」チームがやってきた

「こんなに茶の間が賑わうのは6周年の時以来。1年ぶりでしょうかね」「久しぶりに、みんなの顔を見られて嬉しいですて」

――10月18日から3日間、新潟市の地域包括ケア推進モデルハウス「実家の茶の間・紫竹」では、活動7周年を記念する「写真展」が開かれた。初日の18日、茶の間がオープンする10時前に顔を見せたのは、地域包括ケアを前進させるため新潟市と包括連携協定を結んでいる「さわやか福祉財団」の４人チームだった。

その引率役、鶴山芳子理事・プロジェクトリーダーは、実家の茶の間運営委員会代表の河田珪子さんとは以前から親しくしており、コロナ禍が首都圏でも収まってきたこの時期、7周年に合わせて久しぶりに茶の間を訪れたのだ。

「新潟の河田さんたちの取り組みは、全国にも大きな影響を与えています。実家の茶の間のあり方は、国が目指す地域共生社会の姿を実際に示すもので、現場を持たない私たちにも大変参考になります」と鶴山さんは、新潟への感謝を語った。

さわやか福祉財団は、いち早く地域包括ケアの重要性を認識した堀田力会長（元検事・田中元首相が関与したロッキード事件の捜査・立件で知られる）が後半生を懸けてつくり上げた公益財団法人で、「いきがい・助け合いサミット」を大阪・神奈川で開催するなど、「生活支援・助け合い・居場所」の大切さを全国に広める活動を続けている団体だ。

国の地域包括ケア政策づくりにも影響を与えている一方、「現場を持たない」ため、新潟の実家の茶の間など先進的活動から現実を学び、福祉現場と霞が関のつなぎ役にもなっている。

地域包括ケアを構築するための国の施策についても情報が豊富なため、河田さんが「さわやか福祉財団」と強い信頼感で結ばれていることが、河田チームが自信を持って活動を続ける一因ともなっている。

「よく、こんなに撮っておいたねえ」

実家の茶の間が運営を開始する10時には常連さんやご近所の方が姿を見せ始めた。お当番チームがテキパキと動き出す。検温をして、名前や連絡先をカードに書いてもらう。７周年の写真展は「皆さんへの感謝を示すもの」なので、３日間は「参加料無料」。その上、これまでの活動をまとめた綴じ込みとマスクが記念品として配布される。

実家の茶の間は10時過ぎ、あっと言う間に人であふれるようになった。訪れた方たちは写真の多さにまず驚いたようだ。「よく、こんなに撮っておいたねえ！」「自治会や老人クラブなど、地域の活動の写真も集めてくれて、コーナーにしてくれたんだね」などと感想や感嘆の声が実家の茶の間に満ちる。展示された写真は８１８枚。その中で茶の間の活動自体は５００枚弱。

残りの３３０枚近くが茶の間を舞台にした地域の活動を写したものになっている。その多くは、地域サポーターの島貫貞夫さんらが節目節目に撮っておいてくれたものだ。

中原八一・新潟市長もやってきた

お昼を過ぎると、さらに人が増えてくる。

７周年展の様子

そして午後1時過ぎ、中原八一・新潟市長が茶の間にやってきた。まずは写真展をご覧になる。説明役の河田さんが特に力を入れたのが、玄関わきに展示された「地域共生社会へのみちすじ」コーナーだ。

『赤ちゃんからお年寄りまで　障害のある人もない人も　認知症の人も　外国の人も　誰でも一緒に居られる居場所「地域の茶の間」　一緒に居ることでお互いの不自由を知り　助け合う関係づくりにつながる』

――こう書かれたペーパーの前で、河田さんは「地域の茶の間」から「実家の茶の間・紫竹」に至るまでの道のりと目指す姿について説明し、中原市長は熱心に耳を傾けていた。

写真展を見た後、中原市長はみんなが寛ぐ茶の間の座敷に入り、お年寄りたちと歓談を始めた。

お年寄りたちは「コロナでなかなか市長の顔も見られなくなっていたのに、こんなに近くでお話までできるなんて」「私たちの話をよく聞いてくれて、嬉しかったです」と興奮気味だった。

中原市長は実家の茶の間を後にする際、予定になかった挨拶に立った。「皆さんのお陰で、実家の茶の間は7周年を迎えることができました。皆さんのご協力があったからです」などと語り掛ける言葉に、お年寄りたちはうなずきながら聞き入っていた。

青空記者の目

写真展に向けての準備と、開催した3日間。「実家の茶の間・紫竹」は、まさに「疾風怒涛（シュトゥルム・ウント・ドラング）」の観があった。これが新たなエネルギーを生んで、実家の茶の間のさらなる展開につながっていく。

コロナが下火に、「日常が戻ってきたよ！」　２０２１年10月31日

7周年展終え、広がる達成感

10月18日（月）から３日間、「実家の茶の間・紫竹」の活動7周年を記念する写真展には１６０人ほどが訪れ、盛況裡に終わった。最終日の20日午後、実家の茶の間には大きなイベントを終えて、ホッとした雰囲気が漂っていた。写真展を終えた満足感・達成感が茶の間にあふれ、当番さんたちはほぼ全員、なぜか二人ずつでゆったりと話し合う姿が見られた。

河田さんは、西蒲区の一層の「生活支援コーディネーター（ＳＣ）」塩澤敏男さんと話し込んでいた。話題は、各区にある地域包括ケア推進のモデルハウスを「これからどう機能させていくか」、そして一番重要な地域包括ケアシステムを２０２５年に向けて「どう構築していくか」だった。ベテランのＳＣで、責任感の人一倍強い塩澤さんは、コロナ禍で停滞している取り組みに焦りを感じ、「行政を含め、それぞれがもっと使命感を持ってやっていかないと、地域に責任が持てなくなるのでは……」などの疑問を河田さんにぶつ

けていた。この日、河田さんは聞き役に回り、塩澤さんの話にじっくり耳を傾けていた。

SCは地域包括ケアの推進役だ。コロナ前はSCの皆さんがよく実家の茶の間に顔を出し、「地域の困りごとにはどんなことがあるのか」「介護保険の対象外となる、身近な困りごとにはどう対応すれば良いのか」などを実地に学んできていた。

それがコロナ禍で足が遠のくSCもいたり、新しく交替したSCの中には実家の茶の間に馴染みのない人もいたりして、SCの研修の場づくりが一つの課題となっていた。そんな状況の中、今回の写真展の2日目には一層のSCがほぼ全員顔を出してくれた。これは、河田チームにとっても大きな喜びだった。河田さんは、コロナ禍が収まりつつある状況も踏まえて、「できることから、一つひとつやっていきましょう」と塩澤さんに穏やかに語り掛けた。塩澤さんも久しぶりにじっくり話ができたためか、気持ちが落ち着いたようだった。

もっとも、河田チームがゆっくりしたのは20日の午後だけだったようだ。翌週、実家の茶の間に顔を出してみると、新しい方針がいくつも決まっていた。

一つは、利用者が心待ちにしていた「お昼」の復活だ。11月8日から「お昼」を再開することにし、初日の献立は一番人気のカレーライスに決まっていた。これに先立ち、11月

1日からは茶の間を開けておく時間を現在の午後3時までから、従前のように午後4時までとすることも決まった。これまで県外からの視察は原則受けないことにしてきたが、「視察受け入れの本格再開」との方針も決まった。「コロナ禍も収まってきたし、まるでコロナ前の日常が戻ってくるようね」「それでも安心はまだまだできない。衛生面は今後も十分に注意をしていきましょう」

――そんな会話も弾んで聞こえた。

視察再開第一陣は岡山から

そして、迎えた27日（水）。再開された視察の第1陣がやってきた。岡山・浅口市で空き家を活用した地域づくりに取り組む「くにとう（国頭）の御船を守る会」のメンバー8人だ。

人口流出と空き家増加が地域の大きな課題で、この克服に向けて昭和31年生まれの同級生を中心に会が立ち上がり、「空き家活用まちづくりプロジェクト」などに取り組んでいる。「御船」とは地域の祭りの主役の「山車」のようなもので、地域のシンボルだそうだ。

この日は代表の笠原宏之さんをはじめ同会のメンバーや市職員、そして市に4人配置されているという市地域支援員２人らが10時間かけて車でやってきた。視察のきっかけは、以前にメンバーが河田さんの講演を聞いて関心を持ったことで、実家の茶の間が「空き家」を活用した活動であることも知って視察を希望していた。今年に入り何回かコロナ禍で延期を繰り返した後、ようやく今回の訪問が実現した。

メンバーは朝９時半には茶の間に到着。まず、実家の茶の間恒例の朝のミーティングから参加した。当番さんが毎回繰り返している「衛生面の注意」や「活動の基本」を興味深げに聞いていた。その後、笠原代表が今回の視察・訪問の狙いを説明。「空き家活用の中でも、『実家の茶の間のような活用ができれば、理想的な形になるのでは』と考えて、やってきました」と語った。

国頭地域では長く地域づくりの活動が続いてきたそうだが、「これまで頑張ってくれた方たちが70代に入り、いつまでも頼ってばかりではいられない」との気持ちから、昭和31年生まれの同級生が核となって「守る会」を組織したそうだ。

県外からの訪問、利用者も歓迎

双方の自己紹介が終わると、グループに分かれての話し合いが始まった。この頃になると、利用者の方々も姿を見せ始めた。

浅口側の地域支援員の二人は早速、利用者の方から茶の間の過ごし方などについて話を聞き始め、利用者の方も、久しぶりとなる県外からの視察者の質問に嬉しそうに答えていた。

浅口グループの視察は午後まで続いた。翌日は新潟市役所の地域包括ケア推進課の担当者からも話を聞くという。視察メンバーの一人、佐藤巌さんは「衛生面の配慮が行き届いていて、まず、そのことに驚きました。福祉施設に勤務した経験者など、専門性を持った方々がチームになっていることも素晴らしい。

私たちは空き家対策から入り、田舎に住みたい方に『お試し体験』の形で住んでもらう「お試し住宅」も準備しました。色々と枝葉を広げてきましたが、地域に暮らす住民にとっては、このような居場所が重要なことがよく分かりました」と語っていた。

青空記者の目

この日、新潟県庁からも視察が来ていた。知事政策局長の小岩徹郎さんで、「本籍」は財務省。主計局時代は厚生労働省などを担当し、「地域包括ケア推進モデルハウス」の名を持つ実家の茶の間に関心を持っていた。

　こちらもコロナで延び延びになっていた視察がちょうどこの日、ようやく実現したのだ。小岩さんは当初の視察時間を1時間以上も延長し、帰り際にこう語った。

「河田さんたちの活動には感銘を受けました。今度は県庁が休みの祝日の日にぜひ寄せてもらい、お昼の様子なども見てみたい。こういう現場を知ることが、私たちにとっては大変にありがたい体験になります」と。実家の茶の間はバリバリの財務官僚にも強い印象を与えたようだ。

お昼が復活　名物カレーに40人　２０２１年11月11日

11月8日（月）、「実家の茶の間・紫竹」に8月16日以来のお昼が戻ってきた。復活初日の献立は一番人気のカレーライスだった。

　運営委員会代表の河田珪子さんらは、1カ月半以上のブランクがあっただけに、8日を前に食材の買い出しなどの準備に追われた。

この日は出雲崎町からの視察組7人が加わるので、40人分プラスαを用意した。読み通り、お昼を食べる方は40人ほどになった。そうなると食事を取るスペースも限界になるので、廊下や事務室なども活用し、お当番さんら一部の方は少し時間を遅らせて、無事に初日を乗り切った。

カボチャ3個を差し入れ

やはり、お昼の復活はお年寄りたちにとって掛け替えのないものだったようで、8日はみんなの笑顔が広がった。ただ、1食300円でお昼を準備するのは、そうたやすいことではない。河田さんたちは「少しでも安いものを」とスーパーの価格を見比べながら、食材を仕込んでいる。そんな苦労を知っている関係者から差し入れが届くことも多い。この日は大きなカボチャが3個、届けられた。

「これは河田さんに煮物にしてもらわなくちゃね」とお当番さんが言う。みんなの善意で実家の茶の間のお昼は支えられている。

お昼が復活して2日目となる10日（水）。お昼の復活が効いているのか、この日の実家の茶の間も賑やかだった。多くのお年寄りが顔を出し、事務室では地域の老人クラブの打ち合わせも行われていた。この日のお昼の献立はメインが豚汁。おかずは、河田さんが家で用意してきた煮豆と、しその実の味噌漬けだった。

食事当番の高見久美子さんは豚汁の味付けに気を配っていた。「どうかしら、ちょっと薄味ですかね」と河田さんに味見を求め、河田さんは「今日は煮豆が甘いから、もう少し味噌を入れますか」とアドバイスした。

青空記者の目

実家の茶の間ではお昼の復活に先駆けて、視察・研修も再開した。８日の出雲崎町からの視察には役場職員のほか、議員や生活支援コーディネーター、社協職員らが参加した。

各地からの視察は、訪れる方たちにとって参考になるのは当然だが、実家の茶の間の利用者たちや河田チームにとっても刺激になっている。

「この前、岡山から来てくれた視察の方は熱心だったね」と利用者のお年寄りが言うと、「出雲崎の方たちも気合が入っていたよ。茶の間を新たに増やすことを考えているみたいでしたね」とお当番さん。

河田さんも「先日呼ばれた村上市の研修では、『みんなで助け合っていこう』という気持ちが大変に強く、見習うものがあると感じました」と語る。「互いの学び合い」も再開されていた。

中央区のSCが声掛け　20人が会合　２０２１年11月26日

助け合いのベテランも出席

11月11日（木）午後、新潟市の地域包括ケア推進モデルハウス「実家の茶の間・紫竹」には運営日でもないのに、運営委員会代表の河田珪子さんをはじめ主だった顔ぶれが集まっていた。

実家の茶の間では地域の老人クラブなどが会合を開くので、運営日以外の日に集まりがあるのは珍しいことではないが、この日の会合は雰囲気が違う。新型コロナウイルスの感染が拡大する前まで、河田さんらが実家の茶の間を事務局にして行っていた有償の助け合い「お互いさま・新潟」に参画してくれていた方の顔も見える。その方たちは「エンジンメンバー」と言われ、河田さんが30年ほど前に始めた有償の助け合い「まごころヘルプ」の時から関わってきた方も含め、皆が「助け合いのベテラン」だ。

会合を河田さんたちに呼び掛けたのは、中央区全体を担当する一層の生活支援コーディネーター（ＳＣ）阿部恭子さんと、同じく中央区で宮浦・東新潟中学校校区を担当する二層のＳＣ滝澤清香さんだった。

ＳＣは「地域包括ケアの推進役」という重い役割を担い、生活支援の分野では「自らが助け合いの先頭に立つ」のではなく、「助け合いの気風を地域で育てる」という難しい役目もある。新潟市では一層を各区単位、より地域に密着する二層は複数の中学校区をエリアとし、中央区は5圏域に分かれている。滝澤さんは同地域のＳＣを務めて5年目になるベテランで、コロナが広がる前、毎週のように実家の茶の間に顔を出し、お互いさま・新潟のことも河田さんから学んでいた。

二層のSC、滝澤さんの思い

今回の会合は、滝澤さんが「コロナで休止してしまっている、お互いさま・新潟を何らかの形で復活できないか」と阿部さんに相談して実現したものだった。滝澤さんに会合をお願いした理由を聞いてみると、こんな答えが返ってきた。

〈7月に中央区のSCの会議があって、そこで「お互いさま・新潟」のことが話題になりました。みんな「また、やれたらいいよね」「あってほしい」と言うのですが、コロナの前のように、「実家の茶の間を事務局にして、SCも詰める形は難しい」との声が多かったですね。そのことは河田さんにもお伝えしました。そんな中、私の担当圏域で「介護保険のサービスではできないと言われたのだが、買い物の支援をしてほしい。何とか来てくれないか」との依頼が来たんです。有償の手助けのニーズがあることはこれまでも確認されていたんで、「あっ、やっぱり」と思いました〉

滝澤さんはこのことで、困りごとを抱え「手助け」を求める人がいることを再確認した。さらに滝澤さんは、担当圏域を自転車で移動しながら「助け合い」に関心を示す方のさまざまな声も聞いていた。

〈地域を動いている中で、有償の助け合いを広める「助け合いの学校」を以前に受講された方に会うと、「助け合いはどうなったの？　コロナで家から出にくくなったけど、助け合いなら社会貢献なので、家から出やすいのよ」とか、「以前、『こんな依頼があるんですが、お願いできませんか』と、お互いさまの事務局から電話もらったんだけど、その時は条件が合わずダメだったの。私、やる気はあるんだから、助け合いを再開する時は声を掛けてね」とか、何人もから言われていました。そういう方のフォローもできていなくて、心苦しく思ってもいました。それで、「何とか、うちの圏域の関係者だけでもまず集まって、助け合いのことを相談できませんかね」と一層のＳＣの阿部さんに相談したんです〉

「助け合いの学校」受講者に連絡

滝澤さんが阿部さんに相談したのが1カ月ほど前だった。阿部さんは今年度から中央区の一層のＳＣに就いた方だが、以前には実家の茶の間がある東区の一層のＳＣも務め、「お互いさま・新潟」の大切さや、有償の助け合いには河田さんたちが持つノウハウが重要であることを知っていたため、すぐに反応した。二人は河田さんに相談し、「まず、宮浦・東新潟圏域と、お互いさま・新潟の関係者とで話し合ってみましょう」との話がまとまり、この日の会合となったのだ。
「11月の第2木曜日の午後と、こっちで日程を決め、圏域内の助け合いの学校受講者らに連絡しました。『助け合いはもういいさ』と言う人はいませんでした」11日に出席したのは20人ほどだった。ＳＣは阿部、滝澤さんに加えて、鳥屋野・上山圏域の担当がオブザーバーとして加わり、宮浦・東新潟圏域からは助け合いの学校受講者が出席した。この中には地域の民生委員の会長さんもいた。河田さん側からは「お互いさま・新潟」のエンジンメンバーらが顔を出した。

会合はまず自己紹介を兼ねて、自らが困った時に「助けて！と声を挙げられるか」や、「コロナで困ったことは？」などについて、それぞれが自らの感想や体験を紹介しあった。「地域に何度も同じ話をされる方が目立つようになった。コロナで外に出られず認知症の方が増えているのでは……」とか、「民生委員のやることではないが、こんな困りごとを聞いた」とか、さまざまな話題が出された。エンジンメンバーからは以前からの助け合いの事例が紹介され、滝澤さんは「こういうノウハウのある方たちと、また一緒に助け合いができたらいいのに」との思いをさらに強くした。

そんな滝澤さんのもとには、今も困りごとの相談が寄せられている。責任感の強い滝澤さんは「SCとして何とかしてあげたい」と思う気持ちが人一倍強いのだろう。会合の席でも「今日の集まりがあると聞いて、（困りごとが解消されるのでは）ととても楽しみにしている、期待している方がいらっしゃるんですよね……」と発言もしていた。

しかし、11日の会合では助け合いの具体的マッチングには話を進めず、「これから、どう態勢をつくり上げていくか、他地域とも情報交換をしつつ、さらに話し合いを続けよう」との方向性で合意。次の集まりを来年1月に開くことを確認して終わった。

滝澤さんは会の後、気持ちを取り直すような笑顔を浮かべ、「困っている事例を紹介して、『手助けできる方がいれば、すぐにでもやってもらいたい』との気持ちが今日もありました。私、いつも河田さんたちをすぐに頼ってしまうんです。でも、そう簡単にはいかない。助け合いを持続可能にしていくことの大切さを、また教えてもらいました」と語っていた。

青空記者の目

この日の話し合いを終えて、河田さんは「この集まりは本当に良かったです。滝澤さんたちは、話がすっと進まずにもどかしかったかもしれないけど、こういう助け合いは『互いの心がどう動いていくか』を見極めていくことが大切なので、ちょっと時間が掛かります」と言って、こう続けた。

「お年寄りたちには、色々な困りごとがあって、それを解決するのに介護保険制度だけでは足りません。責任感の強いSCさんは困りごと相談に対し、『それは、できません』とは言いたくないし、言えない。だから滝澤さんたち、SCは辛いのよね」。

SCさんが当番実習にやってきたよ　2021年11月27日

中央区のSCさんが手を挙げた

11月15日（月）午前9時半、新潟市の「実家の茶の間・紫竹」では、いつものように朝のミーティングが始まった。この日のお当番さんが「衛生面の注意」や「運営上の留意点」などについてポイントを読み上げていく。この様子をちょっと緊張気味だが、興味津々の表情で見守っている女性がいた。

運営委員会代表の河田珪子さんに「お互いさま・新潟」の復活を相談する会議をお願い

した一人で、中央区の生活支援コーディネーター（ＳＣ）の阿部恭子さんだった。阿部さんはその日の会合で河田さんたちの知恵と経験に触れ、感動した。「居場所のあり方や困っているお年寄りへの接し方などについても、実家の茶の間で学んでいこう」との気持ちを固め、11日の会議の次の運営日であるこの日、お当番さんの実習を願い出たのだ。

　実家の茶の間運営委員会代表の河田珪子さんは、阿部さんが当番実習に手を挙げてくれたことを、ことのほか喜んでいた。

「コロナ前はＳＣさんも大勢ここに来てくれていましたが、ＳＣメンバーの入れ替わりもあって、茶の間の様子を知らない方も増えてきています。阿部さんはＳＣの役割でここに来られることはあっても、当番実習は初めてです。当番をやられてみてどんな感想を持たれるか、私もお聞きするのを楽しみにしているんです」と河田さんは語った。

「ようやく実習に来られました」

　新潟市社会福祉協議会（社協）に籍を置く阿部さんは、今年度から中央区全体を担当する一層のＳＣに任命された。３年前、東区の一層のＳＣが産休に入り、その代りに約１年間ＳＣを務めた。

「その時から東区にある実家の茶の間のことは当然知っており、河田さんたちから色々と教えていただいていましたが、当番はやりませんでした。ようやく実習に来ることができました。皆さんの居心地が悪くならないように気を付けます」と阿部さんは言う。

お当番さんには大体の場合、ベテランが一人入ることになっている。朝の受付から衛生面に気を配り、お年寄りの体の状況に応じて椅子か座布団かを選んで席に着いてもらい、好みの飲み物をお配りする。「何をしてもいい、何をしなくてもいい。」――これが実家の茶の間のルールだが、一人寂しそうな方はいないか。「あの方とお話ししたいのに……」と思われている方はいないか。

お当番さんは常に気を配っている。お話をしたそうな方には、さり気なく場所替えをお勧めしたり、お仲間同士で話に花が咲き過ぎた時はアクリル板を間に挟んだりする。お当番さんが気が付かない時は、河田さんらがアドバイスする。

こんな気配りがあって、実家の茶の間のゆったりとした雰囲気が生まれるのだ。もっとも、気を配っているのはお当番さんだけではない。利用者の方も、できる方は当たり前のようにお昼の野菜の皮むきを手伝ったり、食卓になる机をアルコール消毒したりしている。

利用者に話をする河田さん

「実家の茶の間はすごい場所です」

お当番さんも、利用者の方も、大事な居場所をどう守っていくか、続けられるようにしていくか――これを考え、動いているのだ。阿部さんは、そんな様子を「実習生」として学びながらこう語った。「ここは、すごいとこです。色んなノウハウ、知恵が詰まっているし、その上、温かみがある。私たちにとって、何よりありがたいのは、河田さんたちの体験談などを身近に聞けることです。これから助け合いが再開されたら、ありがたみがもっともっと増すと思います」と。

青空記者の目

「実家の茶の間・紫竹」には色々な機能があるが、その中でも「研修機能」は特筆すべきものではないか。河田さんたちが新潟市と取り組んできた「茶の間の学校」も「助け合いの学校」も、コロナ前は実家の茶の間での実習研修があるから効果がより大きく発揮された。それは、地域包括ケアの推進役を担うＳＣにとっても同様と思う。

多くが施設福祉や介護のプロであるＳＣにとっても、在宅の生活支援は未知の分野であることが多い。介護保険のサービスに含まれるものなら直ちに判断できるが、それに該当しない困りごとにどう対応するか——ここが問題なのだ。

子どもたちも、視察組も、戻ってきた　２０２１年12月25日

神戸からチームで視察

師走に入り、新潟市の「実家の茶の間・紫竹」は、以前と同じ「日常」がさらに戻ってきた。そして、いつもは落ち着いた雰囲気の茶の間が賑やかになる日も増えた。主役は視

賑やかさを取り戻してきた「実家の茶の間・紫竹」

察組と子どもたちだ。

12月1日、神戸市から3人チームが視察に来た。実家の茶の間運営委員会代表の河田珪子さんとは既に知り合いの認定NPO法人「コミュニティ・サポートセンター神戸（CS神戸）」で総務を担当する中本宏さんと山村弘美さん。そして、兵庫県立大学の野津隆志教授の3人だった。3人はコミュニティに詳しく、地域の居場所の重要性も熟知しているせいか、視察も熱心で精力的だった。

「ここは、利用者イコール運営者ですね」

まず、河田さんやお当番さんチームから運営の要点を要領よく聞いて、次いで3人が別々に利用券を支払う参加者の聞き取りに入る。お年寄りたちから話を聞き出していた山村さんは、すぐに実家の茶の間がほかの居場所とは違うことに気付いた。

「私が最初に話を聞いた80代半ばの男性は、『学校の子どもたち、小さい子が来ると私が面倒を見てやるんだ』と嬉しそうに言うんです。それ以外の方も、運営に携わる利用者さんがみんな自分の役割を果たしていらっしゃる。これは、すごいこと。『ここは、利用者イコール運営者なのね』と気付きました」と山村さん。「こういう場所は初めてです。一番大事なことが、それも自然とやられている。こんな居場所は見たことがありません」と、驚きを隠さなかった。

中本さんたちも聞き取りをして、利用者が主体的に動いていることに驚かされたという。80代後半の男性は、「私は、この茶の間がなかったら、今頃あの世に行っているわね。ここで役割があるから、今も元気に生きていられる」と笑って話していたし、お昼ごはんの前後には皆が自分のテーブルを除菌する。「誰に言われるでもなく、自然にやっていらっしゃる。自律的、と言うんでしょうか」と、神戸からの視察トリオは実家の茶の間のすごさを感じ取った。また、聞き取りを受ける参加者にとっても視察は楽しみになっている。

みんな我がこととばかり、茶の間の楽しさや運営上の約束ごとなどについて語り、「茶の間自慢」を展開するので、視察組はいつも時間が足りなくなるのだ。

江南小の4年生がやってきた

12月に入って実家の茶の間をさらに賑やかにしてくれたのが、子どもたちの来訪だ。以前から近くの小学校の2年生と4年生が学校の授業として実家の茶の間を訪れていたのだが、これも復活した。

かるたなどで遊ぶ子どもたち

15日（水）と20日（月）には江南小学校の4年生が総合学習の授業で各30人以上、茶の間を訪問した。訪問を再開する前には学校と実家の茶の間が入念に打ち合わせをした。一番は衛生面だ。実家の茶の間には、外から来て手洗いをする場所が1か所しかないため、学校を出る前に手洗いを済ませ、時間のかかる検温も終えることにした。実家の茶の間では手指のアルコール消毒をするだけ。これで、ふれあいの時間がたっぷり取れる。

20日11時前、引率の先生や地域教育コーディネーターらと一緒に子どもたちがやってきた。ほとんどの子が2年生の時に実家の茶の間に来ているので戸惑いはない。子どもたちはグループに分かれ、参加者たちに昔話を聞いたり、今困っていることを聞き取ったりしていた。

お年寄りたちは、自分の孫かひ孫のような小学生から盛んに質問を受け、精一杯昔の記憶を甦らせたり、自分の暮らしぶりを振り返ったりしながら丁寧に答えていた。

青空記者の目

神戸からの視察組が実家の茶の間を訪れてから20日ほど後、ＣＳ神戸の山村弘美さんに電話で視察の感想を改めて聞いた。「実家の茶の間、ホントすごかったです」と語る山村さんの言葉は今も弾んでいた。「利用者イコール運営者になることは、ある意味、理想。それが実家の茶の間では、ごく自然に実現していました。そして穏やかな雰囲気。あの空気感は初めて味わいました」と山村さん。視察は、大きなインパクトを与えたようだ。

新型コロナが収まっている今、実家の茶の間にも「コロナ前に近い日常」が戻ってきた。「後は、障がい者の方がなかなか茶の間に顔を出せない状況が続いています。以前は目の不自由な方とか、よく来てくれていましたよね。子どもたちも以前は放課後に小人数で来てくれていた。赤ちゃんや幼児もそうですね。来年に向け、課題はありますね」と、河田さんはさらなる先を見ていた。

年内最終日も「よろず相談」に対応　２０２１年12月29日

２０２１年も大詰め。年内最後の運営日となる27日（月）の実家の茶の間は賑やかだった。12月に2回に分けて総合学習の一環で訪れた江南小学校4年生の有志9人が、冬休みを利用して自主的に遊びにやってきたのだ。

午前中からやってきた9人は、みんなと一緒にお昼を食べ、仲間と遊び、利用者の皆さんとも交歓した。「日常が、また一歩戻ってきました。子どもたちが来ると、利用者の方も元気になるから――。年内最後の日を子どもたちが盛り上げてくれました」と、運営委員会代表の河田珪子さんは笑顔を広げる。

この日は子どもたちのほかにも色んな人がやってきた。地域包括ケアの推進役、生活支援コーディネーター（ＳＣ）も北区と中央区から顔を出した。

話題は「国際長寿センター」などが12月中旬に開いた「第２回生活支援コーディネーターカフェ・ＷＥＢセミナー」だった。全国から千人を超すＳＣが参加したとのことで、中央区の地区担当ＳＣ・滝澤清香さんもＷＥＢで参加した。

「セミナーでは『もっと企業や福祉事業体に頑張ってもらうべきだ。困っている方のためになることを、どんどんやってもらった方がいい』的な発言が随分ありました。例えば、『スーパーは、買い物をするお年寄りは支払いでまごつくのが分かっているのだから、そういう方を対象にしたスロー・レジを1列用意しよう』とかです。『協議体を活用しての助け合いは悠長だ。まだるっこしい』という雰囲気も感じられました」と滝澤さんはセミナーの様子を河田さんに報告すると共に、助言を求めていた。

河田さんは国際長寿センターとは以前からつながりがあり、ＷＥＢ会議開催の背景などの情報も得ていた。河田さんはそれでも注意深く話を聞きながら、「２０２５年が近づいてきて、みんな焦ってきています。そういう意見も出るでしょうね。企業や事業体が困りごとを抱えている方のために動くのは良いことですよね。多くの方にとって、助かる選択肢が増えるわけですから。スーパーの事例も、買い物に行ける方にとっては、それで助かると思う。でも買い物、行けない方もいますよね。そういう方をどうするか……。やっぱり地域の助け合いは必要です。これは、世の中がどう動こうが、変わらないわよね」と河田さんは滝澤さんに語り掛けた。

「ごちゃまぜネット」の記憶

河田さんがＷＥＢ会議での「企業や事業体にももっと頑張ってもらうべき」との発言に直ちに賛意を示したのは、以前から「（企業や事業体など）すべての社会資源が持てる力を出し合って、連携し、高齢社会を進んでいくべき」と考え、行動していたからだ。

介護保険が発足する２０００年には、福祉からまちづくりまで、幅広い団体・有志の情報共有の場として「ごちゃまぜネット」を創設した。年１回開かれた、その集まりには多くの志ある団体・有志が集まり、大変に熱量の大きい会合となったことから、「一種、社会現象的な集い」とマスコミから注目された。「介護保険があれば大丈夫」ではなく、「あらゆる社会資源が、それぞれの立場で持てる力を最大限発揮することで、困っている方を救う選択肢は増えていく。その中で、私たち住民は、失われていく家族機能や地域の支え合い機能を担っていく」との気持ちが「ごちゃまぜネット」を生んだ。その気持ちは今もまったく変わっていない。

助け合いのこれからは……？

コープにいがたの「くらしの助け合い　たんぽぽの会」の杉山久美子代表も午後2時過ぎに顔を出した。杉山さんは「たんぽぽの会」の活動に長く従事しながら、河田さんたちの取り組みに共感し、実家の茶の間のお当番さんも定期的に務めている。コープにいがたは来年3月、コープクルコと合併（組織統合）することになり、さまざまな調整・引き継ぎが続けられていた。「たんぽぽの会」も、クルコの助け合いの会「コスモスの会」と一緒になることが決まっている。

名称も「コープデリにいがた　くらしの助け合いの会」に変更になる。杉山さんも、その大きな渦の中で調整役を務めていたのだろう。河田さんが「組織統合となると、大変なことが山ほどあったでしょう。苦労したわよね」と杉山さんをねぎらうと、「そりゃあ、違う組織が一つになるんですから……。やっぱり大変でした」と杉山さんは苦笑しながら応じた。

「そういう時に大切なのは、『自分たちの活動の大目標が何だったのか』――これを絶対に忘れないことですよね」と河田さんはアドバイス。

杉山さんは「そうですよね。たんぽぽの会もコスモスの会も、『住み慣れた地域で、いつまでも暮らしていけるように』と、くらしの助け合いを続けてきたんですから。大きな目標は一緒ですものね」と反応し、「やっぱり、年内にここに来てよかった」と笑みを広げた。

「助け合いの気風広げ」へ、ぶれずに活動してきた河田スピリットに触れる年末になったようだ。

年明けにオミクロン株感染拡大　２０２２年１月17日

２０２２年の年が明けた。

世界的には昨年末から新型コロナウイルスのオミクロン株による感染拡大が大きな影を落とし、日本でもオミクロン株感染が不気味に広がり始めていた。一方、新潟県ではオミクロン株の感染者が確認されず、比較的落ち着いた雰囲気の年明けだった。

新潟市の地域包括ケア推進モデルハウス「実家の茶の間・紫竹」では5日、この年初めての運営日を迎えた。皆、マスクをしっかりとつけながら新年の挨拶が交わされ、華やかな雰囲気が漂っていた。お祝いムードをさらに盛り上げるかのように、お昼には一番人気のカレーが用意され、30人近くが和気あいあいとカレー昼食を楽しんだ。

「今年も茶の間で良い時が過ごせるといいね」——そんな言葉が当たり前のように感じられる運営初日だった。

新潟県にもオミクロン株

翌日の6日まで、新潟県ではオミクロン株の感染者がゼロ。全国の「オミクロン空白エリア」4県の一つだった。「1日でも長く空白エリアが続くように」と多くの県民が願っていた。しかし、7日にはとうとう新潟県でもオミクロン株の感染者が一人確認された。

この日はコロナ感染者も70人と急増。新潟県が独自の警報を発令する検討に入ったことも報道された。翌8日には一気に１００人台を突破。新潟県でも緊迫感が一気に高まった。

そんな中で10日がやってきた。実家の茶の間の今年2回目の運営日だ。この日から広島

手押し車で帰宅する利用者

など3県に「まん延防止等重点措置」が適用されることもあって、列島は再び新型コロナへ身構えする態勢へシフトしていた。実家の茶の間運営委員会代表の河田珪子さんは、新潟県でもオミクロン株の感染者が見つかった7日から3日間、「実家の茶の間をどうするか」、ずっと考え続けてきた。

一方、利用者の方も「実家の茶の間がどうなるか……」固唾を呑むような思いで見つめていた。その一人、笠井三男さんは「オミクロン株の感染拡大で、茶の間はまた閉じることになるだろう」と覚悟を決め、茶の間に顔を出していた。案の定というか、河田さんがお昼前にみんなに語り掛け始めた。

「次回から休止、との言葉が出るのだろう」と思いながら笠井さんは耳を傾けた。河田さんの言葉は違っていた。

「ここが休みになったら、皆さん、どうされますか？」と河田さんは一人ひとりに問い掛けていった。「私は、『今日が最後で、また茶の間が閉まることになるのだろう』と思っていた。『そうなると、私は行くとこありませんよ』と答えました」と笠井さん。

　利用者の声を一通り聞いてみると、「閉じた方がよい」という人は一人もいなかった。河田さんは再度、語り始めた。「ここが皆さんにとって必要なら、私たちはお昼も含めて続けようと思っています」との言葉を聞き、「思わず拍手しました」と笠井さん。

　実家の茶の間は一気に明るい雰囲気になった。「嬉しかったよ。だって、ここが閉まったら、私、本当に行くとこないの。また、以前のように家に閉じこもるしかないもの」と笠井さんは、河田さんに語り掛けた。

「コロナと同じくらい、茶の間休止も怖い」

　河田さんは、そんな参加者の反応を見聞きしながら、脳裏にはこれまでのコロナ禍の歩みが浮かんでいた。２０２０年2月末に実家の茶の間をいち早く休止した後のことだった。久しぶりに何人かの参加者にお会いして、その方たちから以前のような笑顔が少なくなっていることに気づいた。お話を聞いてみると「行く場所がなくなって、寂しい」「夜、眠れなくなった」などの嘆きが相次いだ。「コロナ感染はもちろん怖いけれど、同じくらい、茶の間を休止することの身体的・心理的影響も怖い」ことを河田さんは実感した。

そんな体験から今回「まず、参加者の思いを聞いて」、その後「とりあえず継続」の決断を導き出したのだろう。

コロナ禍でも加茂市長らはやってきた　２０２２年1月31日

議長・経済人で視察チーム

オミクロン株による感染拡大が新潟県でも続く1月17日（月）午後、以前から約束されていた加茂市からの視察団が実家の茶の間にやってきた。

参加者リストには藤田明美市長、五十嵐裕幸副市長をはじめ市執行部のほか、滝沢茂秋議長、経済界からは「山忠」の中林功一会長らが名を連ねている。

縁を取り持ったのは新潟市の「茶の間の学校」校長も務めた清水義晴さんだ。全国各地のまちづくりに関わる「地域コーディネーター」でもある清水さんは、ユニークな靴下づくりで知られる山忠の中林会長と親交があり、今回の視察が実現した。

藤田市長は実家の茶の間の活動は以前からよくご存じで、市議時代に茶の間を訪れたこともあった。滝沢議長は市議として何年も前から「実家の茶の間の活動はこれからの高齢社会に欠かせないもので、加茂市でも導入すべき」との立場から加茂市議会一般質問で茶の間を取り上げていた。そんな縁とネットワークがあったため、今回の視察団は加茂市と清水さんらの混成チーム約10人となっていた。

藤田市長は到着早々、「ここはもう一回、じっくり見たかったんですよね」と言い、河田さんらに挨拶すると、一行がそろうのを待ち切れないように茶の間の参加者の中に入って話を聞き始めた。その後、メンバーがそろうと河田さんらの案内で実家の茶の間の台所など内部を丁寧に視察。次いで河田さんや新潟市の望月迪洋政策調整監らから話を聞き始めた。

加茂市のメンバーは実家の茶の間運営チームと新潟市の「協働事業」の仕組み・やり方について関心が強いようで、実家の茶の間の立ち上げの経緯から詳しく聞き取りをしていた。

新潟県内ではこれまで、関川村や弥彦村、出雲崎町などの町村で「地域包括ケア推進モデルハウス」について学ぶ動きが先行していたが、新潟県庁が実家の茶の間の活動に強い関心を示していることもあって、県内自治体に実家の茶の間への興味が深まってきた。

「加茂市さんは、市長さん・議長さんが熱心だし、経済界の方も一緒に来られている。良い取り組みになるのでは」と、茶の間のお当番チームも期待していた。視察は3時間に及んだ。

「茶の間が閉まったら、どうします？」

1月19日（水）も実家の茶の間は普段通りの姿だった。この日は、新潟市と包括連携協定を結んでいる公益財団法人「さわやか福祉財団」の鶴山芳子理事が、新潟市との打ち合わせもあって顔を見せていた。

人気のカレー昼食をみんなで食べ終え、茶の間に寛ぎの輪が広がった30分後、河田さんが「皆さん、ちょっといいかしら」と話し掛け始めた。オミクロン株の感染が拡大する中、「今後の助け合いをどうするか」の問い掛けだった。

「今、こうして皆さんと良い時間を過ごしていますけど、オミクロンがまん延して、茶の間の施設も閉じなければならない場合も来るかもしれないですよね。オミクロンの濃厚接触者に皆さんがなるかもしれないし、ご家族がなるかもしれない。もし皆さん、あるいは家族の方が濃厚接触者になって、買い物に行けなくなったとしたら、どうされますか？　誰か、例えば茶の間のお仲間で買い物を頼める方がいらっしゃいますか？　どうでしょう？」と河田さんが座敷の真ん中に立って語り始めた。

突然の問い掛けに、参加者は互いの顔を見合わせたり、困惑の表情を浮かべたりして、すぐに反応する人はいない。その様子を見ながら、河田さんは参加者の記憶を呼び起こすよう、地域の住宅地図を手にして、さらに一歩踏み込んだ。

「じゃあ皆さん、思い出してください。昨年の夏、デルタ株の感染が広がって、ここを『いったんお休みにします』とお伝えした時があったでしょう。でも、買い物など困りごとがあったら、当番チームが頼まれた買い物を家にお届けするから、必要な方は住宅地図に自分の家の場所をマークすることにしたじゃありませんか。ほら、ここに付箋がついているでしょう」と住宅地図をみんなに示した。

助け合いの中心・武田さんが倒れたら？

それでも半年前のこととあって、反応は鈍い。今度は河田さん、茶の間を舞台にした「助け合い」の中心となっているサポーターの武田實さんを例に引いて話を進めていった。80歳代後半の武田さんのことは前述したが、実家の茶の間の外回りの面倒から昼食づくりの手伝い、さらに茶の間に集う方々からの頼まれごとを有償ボランティアでこなす「茶の間のスーパーマン」のような存在だ。

「じゃあ皆さん、武田さんに困りごとをお願いしている方はどうでしょう？」と問い掛けると、あちこちから「あっ、お願いしているわ」「武田さんにはホント、助けてもらってます」などと声が挙がった。

その声を引き取って、河田さんは「そんな武田さんの具合が悪くなったり、濃厚接触者になられたりしたら、皆さんは困りますよね」と続けると、多くの人がうなずいた。その様子を見た河田さんは、「では、武田さんご自身は、ご自分が具合悪くなった時、どうするんでしょう？　武田さんは誰か、頼みごとができる方がいらっしゃいますか？」と踏み込む。

河田さんの問い掛けに武田さんは、「そう、私はそのことを一番心配というか恐れているんです。自分自身も困るし、みんなにも迷惑を掛けるからね」と話された。

その答えにお隣の女性が反応した。「武田さんはお元気だから、なんて思っていても、オミクロンには元気もお年も関係ないわよね。こればっかりは誰がかかるか、分かりませんから」と提起する。みんな、そろそろ自分ごととして茶の間が閉じた時のことや、買い物に行けなくなった場合のことを真剣に考え出したようだ。

独り住まいの武田さんのことを気に掛ける方もいた。「ホントに武田さんはよく動いてくださる。だから、私は武田さんがお困りの時は買い物ぐらいして差し上げたい」と言い出す方もいた。参加者たちは現実味が増したのか、隣の人と話し合ったり、「やっぱり武田さんは大切なんだわね」と一人言を言ったりする方もいて、座はざわつき始めた。

河田さんが話を引き取るように、「今回は、とりあえず頼まれたものを玄関にお届けするレベルの助け合いができないか、みんなで考えましょう。いざという時はどうするか？やっぱり考えておくことは大事ですよね。特に今はオミクロンが感染拡大しているし、みんな他人事じゃないですよね。私たち、こうやって茶の間で良い時を共有しているけれど、茶の間の役割はそれだけじゃない。いざという時、助け合える関係、お願いできる方をつくっておくことは大事ですよね」と言い、「今日はこのぐらいにしておきましょうか。住宅地図をお回ししますから、自分の家をマークしてあるか、必要な方は確認しておきましょう」と話を変えると、皆さんで住宅地図を確認する作業に移った。

「茶の間のノウハウはすごい！」

これを見ていた「さわやか財団」の鶴山さんは、「良い場面を見せていただいたわ。こういうノウハウがあるって、やっぱり実家の茶の間はすごいですね」と、河田さんに語り掛けた。「昨年の8月、住宅地図に印を付けてもらった時、私たちは当番チームで買い物支援ぐらいできるよう準備をして、立替金も用意しましたよね」と河田さんは当番チームと当時のことを振り返った。話題になった武田さんについては、河田さんがいざという時の連絡先を確認済だった。

「できるだけ茶の間は続けたいですけど、オミクロン次第でどうしてもここを閉めなければならない時が来るかもしれません。そんなことになっても、電話1本で頼みごとができる関係が茶の間で広がっているといいですよね」と河田さんはみんなに語り掛けた。実家の茶の間では互いに助け合う関係が既にできているが、それは茶の間が開いていることを前提にしている。

「コロナで、ここをまた閉じなければならなくなったら、参加者の皆さんの暮らしは大丈夫なのか」との思いが河田さんにあって、この日の問い掛けになったようだ。

　実家の茶の間が通常運営ができなくなる日が、またやってきた。新潟県が申請していた「まん延防止等特別措置」が国に認められ、21日（金）からの適用が20日、決まったのだ。この決定を受けて河田チームはまた機敏に動いた。20日には、次の運営日である24日（月）から実家の茶の間の通常運営をいったん休止することに決め、参加者たちへの連絡に取り掛かった。

「休止」と言っても、そこは「実家の茶の間流」。運営日の月・水には茶の間の玄関は開けておき、「来る方は拒まず、但し利用は1時間だけで利用料は１００円」とする方式だ。河田チームは、再びコロナ禍に柔軟に対応しようとしている。

「まん防」終わり、お昼を再開　２０２２年３月29日

「ここは大切な場所」理解広がる

　新潟市の地域包括ケア推進モデルハウス「実家の茶の間・紫竹」の利用者が待ちに待っ

オミクロン株にも負けず運営を再開した「実家の茶の間・紫竹」

ていた日がやってきた。新型コロナウイルスのオミクロン株の感染拡大に対応する新潟県の「まん延防止等重点措置」が3月6日に解除されることが、2日の新潟県対策本部会議で事実上決まったのだ。

河田珪子さんを代表とする実家の茶の間運営委員会のメンバーは素早く動いた。3月7日（月）から茶の間を以前のように10時から15時まで通常運営することにし、参加者が楽しみにしているお昼も再開することを決め、早速、その準備に取り掛かった。

河田チームが素早く動けるのは、1月21日から始まった県の「まん防」期間中にも茶の間に河田さんをはじめお当番さんが交代で詰め、さまざまな問い合わせに対応すると共に、不安や退屈を抱える参加者のために「1時間限定」で茶の間を開放していたからだ。

1月24日（月）からその態勢を取った理由について、河田さんはこう語っていた。「ここは色々な方が相談に来てくれます。まん延防止期間もその相談には応じていきたかったし、オミクロン株が広がっている時には参加者の不安も広がります。お互いの顔を見ることで不安が和らぐし、どこにも行けない方が外に出て気分転換することも人事なことですから」と。

「カレーお持ち帰りできます」

2月に入り、実家の茶の間の「まん防」への対応態勢は参加者にも理解が広がり、「1時間だけでも」という方が毎回20人近く訪れるようになった。そこでさまざまな「悩みごと」を語り合ったり、「困りごと」を相談したりする姿も見られた。

以前より時間は短くとも小人数で寛げる雰囲気を、「本当に実家の茶の間のようだ」と笑顔を広げ、喜ぶ参加者もいた。お当番さんたちは、「こういう時でも、おいしい茶の間のお昼が食べたいね」という参加者の要望を聞き、小さなチャレンジにも取り組んだ。人気のカレー昼食を「お持ち帰り」してもらうことだった。

「2月16日　お持ち帰りカレーをつくります」との貼り紙が茶の間に貼り出された。それを見た多くの参加者が「これは楽しみだ」「ぜひお願いします」など、歓迎の声を上げた。その16日（水）、茶の間の台所は久々に活況を呈し、50食ほどつくったカレーはみんなに食べてもらった。

「今度は以前のように、茶の間でみんなと一緒にお昼を食べたいね」との利用者の声を聞いて、河田チームは「まん防が終わったら、すぐにお昼を再開できるように準備をしていきましょうね」と語り合っていたのだ。

そんなこともあって、河田さんたちは「まん防」が終わる6日の翌日、7日（月）からお昼を再開できるよう、準備を進めていたのだ。そして迎えた7日、実家の茶の間では、また以前のようにBGMを聞きながらのお昼が再開された。おしゃべりはできない「黙食」ではあるけれど、みんなが「つながり」を確認しつつ食べるお昼の味は格別のようだ。

地域外の団体からも「使わせて」

「まん防」が終わると、そんな実家の茶の間に、参加者以外の人も出入りすることが増えてきた。例えば、地域外の老人クラブのリーダーたちだ。

「3月になって紫竹から割と近い東明地区の老人クラブの方が来られて、『ここは良い場所ですね』と繰り返し言うんですよ。『じゃぁ1回、東明の老人クラブの会合にお使いになったらいかがですか』って言ったら、『それはありがたい。今度、ぜひお願いしたい』と言うんです。

また、先日福祉関係に熱心な企業の方が来られて、茶の間との連携の話をされていきました。コロナ禍で大変なんですけど、『こういう居場所が必要だ』との理解は、逆に広がっているように思うのです」と河田さんは言う。

「最近、色んな方から声を掛けてもらうようになった。以前からネットワークづくりには積極的に取り組んできましたけど、今思えば点のつながりだった。ここに来て、面的に広がってきているように思うんです。コロナ禍で、居場所とか助け合いの大切さへの理解が広がってきているのかな……。そうだったら、嬉しいですよね」と河田さんは微笑んだ。

青空記者の目

実家の茶の間のお昼は普通「具だくさん」のお味噌汁がメインで、もう一品副食が付く。煮豆の日もあれば、煮しめの日もある。これは河田さんが家であらかじめ用意してくるものだ。「河田さんが茶の間に来てから副食づくりをすると、せわしなく立ち働いているようで、参加者がゆったりできない感じになる。それで、家でつくって、持ってきてくれることになったんです」とお当番さんが教えてくれた。実家の茶の間の「ゆったり感」を出すために色々と工夫されていることに改めて気付いた。

3度目のコロナの5月　静かな危機　2022年6月14日

5月16日（月）午前9時30分、「実家の茶の間・紫竹」ではお当番チーム10人ほどが集まり、運営日のいつもの朝のようにミーティングが開かれていた。この日のお当番さんが運営の注意事項を読み上げ、各自が気になっていることを発言する。

「茶の間に入っていただく時の手指の消毒は徹底していますけど、お帰りになる際の手指消毒を忘れがちです。お帰りの時の声掛けをしっかりやっていきましょう」とお当番の渡部明美さんが言うと、運営委員会代表の河田珪子さんが「そう、私が一番忘れる」と話を受け、笑いを誘う。その後も「換気は随時やっていきましょう」などの呼び掛けが続いた。

「仲良しクラブ」の危機では？

一通り発言が終わると、河田さんが「昼食の時にバックグラウンドの音楽流すけど、それを流す前に声掛けはしていましたっけ」と提起する。するとお当番の渡部さんが「ラジオ体操の時も、５分前にお知らせするんでしたよね」と二の矢を放った。どうも二人には気になることがあるらしい。

「私たちは参加者さんの自主性を重んじていて、ご自身でできることはやっていただくようにしてきました。以前は自分で飲むお茶も、動ける方は自分で入れていらっしゃったし、体の悪い方のお茶をついでに持っていってくれてもいましたよね」と渡部さん。

すると河田さんが「そうですよね。コロナのせいか分らんけど、どうも最近、皆さんの動きが鈍くなっている気がする。前はご自分でやっていた方も、今動かないでしょ」と続ける。ほかのお当番さんも「そうですよね。みんな動きたくないみたい」と相槌を打つ。サポーターの武田實さんが「お茶を注ぐ時に、いちいち消毒するのが面倒なんじゃないかな。自分のはともかく、人にお茶を持っていくのには衛生面からの遠慮もあるんじゃないですか」と推し測った。

このテーマは河田さんが「この時期、水分を取らないのは良くないですよね。何事もそうですけど、大切なのはお声掛けですね。お茶いかがですか？と頻繁に声を掛けていきましょう」と引き取って、ミーティングは間もなく終わり、利用者の来られる10時が近づいてきた。

何気ないやり取りにも思えたが、この頃、実家の茶の間には「静かな危機」とでもいうべき空気が漂っていた。それにはいくつか理由があった。

参加者の仲間に最近入ってこられた方が急に亡くなったことや、サポーターの中心的存在である80代の男性が手術のために入院したことも士気に影響していた。もう一つの理由は、オミクロン株の感染が長引き、遠方からの参加者が減ってきた上、視察・見学も途絶えてきて、利用者メンバーが近所の常連さんばかりに固定化してきたことだった。

マンネリ打破へ　ギアチェンジ

「実家の茶の間はずっと、さまざまな方が共生する形でやってきました。多世代の居場所であり、誰もが利用できる居場所でした。それが、この2カ月ほど利用者メンバーが固定化し、仲良しクラブのようになってきたのではないでしょうか。茶の間にとって、仲良しクラブは危ないんです。いくつもの地域の茶の間が、『仲良しさんの集まる場』になってから続かなくなったことを私たちは見てきたんです」と河田さん。

仲良しクラブになると、グループの中で序列のようなものができたり、過度の依存や甘えが生じたりして、いつの間にかグループに亀裂が入ってしまう——そんな事例を河田チームはこれまでいくつも体験してきた。

「そんな危機に今、実家の茶の間が見舞われているのではないか……」「これがマンネリというものなのだろうか？」

——5月に入り、そんな危機意識がお当番チームに芽生え始めていた。


ここで河田チームが取った手は、「初心に帰って、朝のミーティングをしっかりとやり、原点に立ち返った運営をやっていこう」とのことだった。5月の連休明けから毎回のミーティングに一層気合が入ってきたし、利用者たちとのコミュニケーションもより綿密さを増してきたように思う。

出掛ける機会が減り、認知症状が進んできた利用者への気遣いもよりきめ細やかになっていった。お当番さんたちのギアが一段上がったようだった。気持ちの入れ方が違ってくると、実家の茶の間の雰囲気も変わり出した。

折しも新型コロナの感染者数が新潟市でも減り始め、これまでなかなか茶の間に来ることができなかった方たちも姿を見せるようになった。

盲導犬も久々に茶の間へ

例えば、目の不自由な藤井志津子さん（78）は5月下旬、盲導犬「ぼたん」と一緒に実家の茶の間にやってきた。

藤井さんは「コロナが広がってから初めてですから、3年ぶりでしょうかね。目の不自由な私たちはどうしても色んなところを手で触ってしまうから、感染症には人一倍気を遣う。皆さんにお世話になる度合いも大きいので、ここに来るのも遠慮していました。久しぶりに河田さんに電話して、今日は河田さんがいないと聞いたんですが、思い立ったが吉日でやってきました」と言い、「コロナで人との会話もできにくくなったけど、ここの方はみんな、声で大体誰か分かるから……。今日はおしゃべりを楽しんでいきます」と笑顔を広げる。

その藤井さんの脇には「ぼたん」が寄り添っているが、ハーネスが外されているため「職務時間外」の気分なのか、ほかの利用者の方の声掛けに嬉しそうに反応していた。

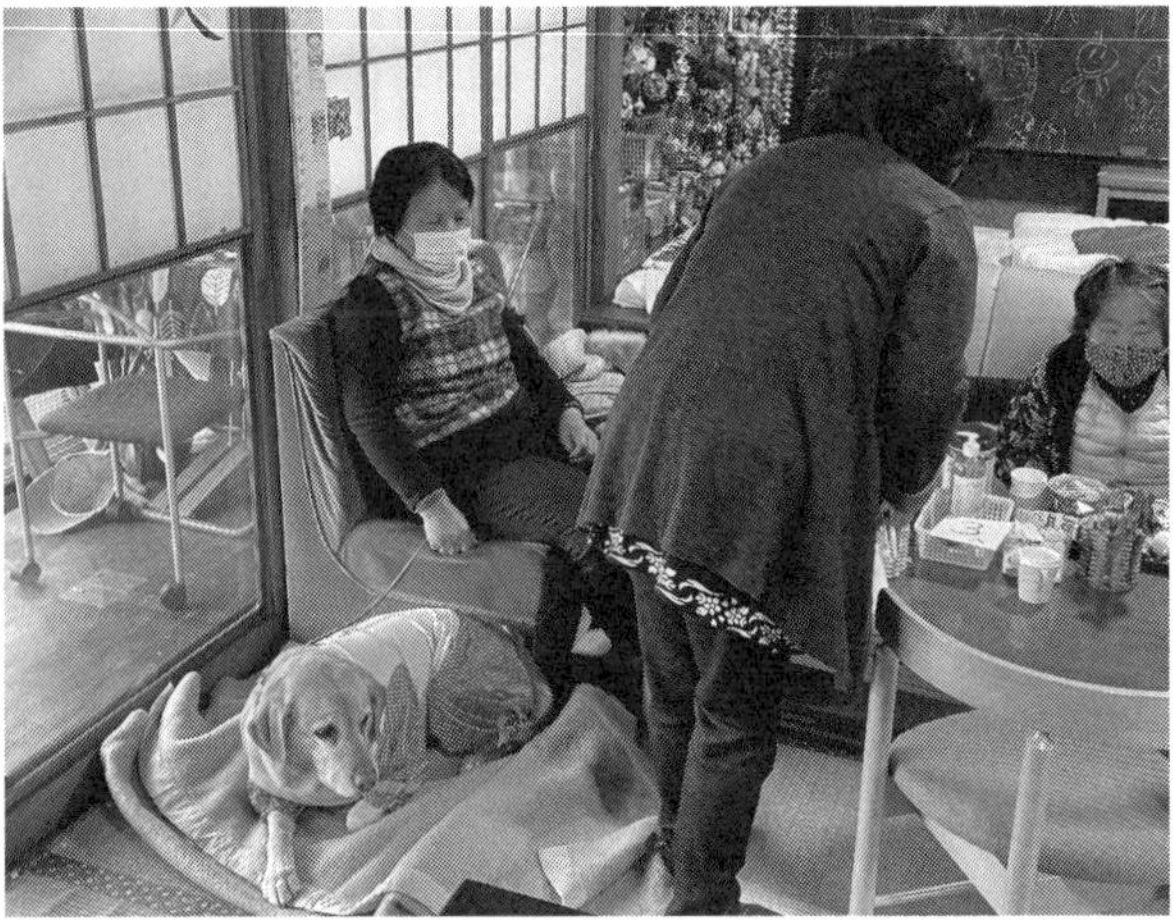

寛ぐ盲導犬「ぼたん」

また、山歩きが趣味のTさん（69）も新型コロナで茶の間から足が遠のいていたが、また顔を出し始めた。「先日、茶の間通いを復活させたばかりで、今日が2回目です」と言う。Tさんは先日の山登りで転んでしまい、右腕にけがをして包帯で吊っている状態で茶の間にやってきた。

「ここなら腕が利かなくとも、お昼も安心して食べられる。そういう場所なんですよ、ここは」とTさん。「3年前に夫を亡くして、今は家で一人。話し相手もいない。ここに来ると、ゆっくりおしゃべりができるし、皆さん守秘義務もしっかりされています。やっぱりルールは大事です、ここは、ゆったりできて、心が安らぐ場所なのよね」。Tさんは笑顔でそう語った。

青空記者の目

５月の「静かなる危機」にはもう一つの要因があったと思う。長引く新型コロナの影響で、「地域包括ケア推進モデルハウス」という実家の茶の間ならではの役割について、先行きの不透明感が増していたことだ。新潟市だけではなく、全国の自治体が今後の「地域包括ケア推進」の道筋が描けずにいる――。

その不安感・不透明感も河田チームに影を落としていたのではないだろうか。コロナ禍が及ぼす危機にはさまざまな要因があったのだ。

健康寿命延伸、茶の間に新たな役割　2022年9月21日

久しぶりに弾む口調

「今日は何時までいられますか？　報告することがいっぱいあるんですよ」

2022年8月17日のお昼、「実家の茶の間・紫竹」を訪れると、運営委員会代表の河田珪子さんがいつにも増して明るい、弾むような口調で語り掛けてきた。

「何かあったんですか？　良い話みたいですね」と応ずる記者の前に、河田さんは1枚のペーパーを差し出した。それは新潟市役所の資料で「令和4年度　高齢者の保健事業と介護予防等の一体的実施」とのタイトルがついている。

2日前、「実家の茶の間」など各区のモデルハウスを協働運営する市福祉部地域包括ケア推進課の井越修課長補佐が持参したものという。ペーパーの趣旨は、「新潟市民の健康寿命延伸」のため、高齢者の疾病・重症化予防を担当する市保健衛生部と、モデルハウスや介護予防を担当する市福祉部が一緒になって、「健康寿命延伸」という新潟市にとっても重要な取り組みを「新たに、総合的に」展開していくことを周知する文書だった。

この方針の下、実家の茶の間でも75歳以上の方を対象に後期高齢者検診用の質問票を活用した健康診断が始まることになったのだ。

新型コロナで道筋が不透明に

国は、団塊の世代がすべて75歳以上（後期高齢者）となる２０２４年度までに地域で医療・介護が受けられる「地域包括ケアシステム」の準備を終え、２０２５年度からの本格稼働を目指してきた。それが、２０２０年からの新型コロナウイルスの感染拡大で、確たる工程表が見えなくなっていた。

それでも国は２０２０年度中には法改正を行い、「後期高齢者の保健事業について、市町村において、介護保険の地域支援事業や国民健康保険の保険事業を一体的に実施する」ことを明示し、地域包括ケアシステムが本格的に動き出す２０２５年度の前年度である「令和６年度までに全市町村で実施」と年限を切っていたのだ。

国では、新潟市でいう地域の茶の間など「高齢者の通いの場」に市町村が積極的に関わり、利用者に後期高齢者健診用の質問票を活用した健康相談を実施することを求めていた。

新潟市の佐久間なおみ福祉部長は、「新潟市では幸い、実家の茶の間などのモデルハウスに保健師さんを派遣する事業を他市に先駆けてやってきており、今回もここを活用できます。既存の地域支援事業を使い、モデルハウスに月1回保健師さんらに行ってもらう時に質問票を配布。回答をいただく事業を今秋からも始めたい」と語った。

「地域への開放」が効果

新潟市は全8区に地域有志との協働で「地域包括ケアモデルハウス」を設置することにし、2016年度までに全8区での開設を終えていた。ただ、活動にはやはり濃淡があり、「実家の茶の間・紫竹」のように地域の老人クラブや踊りの会までがモデルハウスを活用しているところはまだ少ない。

「モデルハウスで健康相談を実施していく際、利用者が固定しているところは参加者をどう増やすかが課題になります」と井越補佐も語っていたが、実家の茶の間なら多くの方から健康相談に参加してもらえる。河田さんたちは、「実家の茶の間のこのスペースはモデルハウスだけでなく、大勢の方から使ってもらう」ことを当初から心掛けてきた。

その狙いがここでも役立つことになる。河田さんがちょっと心弾んでいるように見えたのは、今回、「実家の茶の間」などのモデルハウスに新たな役割が明確化されたことに加え、幅広い活用を心掛けてきた効果が発揮されることも影響しているようだ。

河田さんは言う。「私たちは地域の方たちにとって『実家の茶の間は、地域の宝だ』と思ってもらえるように努めてきました。茶の間として開けているのは月・水曜日だけなんですから。それ以外の日には地域の方から幅広く使っていただけばいい。そう思って、自治会などの会合や踊りの稽古の場にも開放してきました。そのことが間違っていなかった、ということですよね」。

河田さんはそう言って、また笑顔を広げるのだった。

保健師チームがやってきた

新潟市では「実家の茶の間・紫竹」をはじめ地域包括ケアモデルハウスに保健師さんを派遣する事業をいち早く２０１５年から取り入れてきた。これも「実家の茶の間・紫竹」が発足した後、河田チームの提案を受けて始まったものだ。

その土台の上に新規事業が始まることは河田チームを明るくしていた。そして9月21日、「実家の茶の間」では早速その市の新規事業が始まった。保健師さんら４人チームがやってきて、後期高齢者健診用・質問票による問診を開始。

新しい保険制度で茶の間に来た看護師チーム

14人が手を挙げた。これまでは保健師さんの健康相談は大広間の一角でやっていたが、今回からは「守秘義務にも対応して」大広間隣の事務室に場所を移しての作業となった。

青空記者の目

「後期高齢者」75歳以上の方を国民健康保険制度から切り分ける制度は２００８年に施行され、ネーミングの悪さもあって当時は世論の厳しい批判にさらされた。

新潟市長だった私は、新潟県市長会の意向で「新潟県後期高齢者医療広域連合」の初代連合長に就くことになり、２０１８年の市長退任まで務めた。あまり嬉しい役ではなかったが、それなりに勉強し、「財政面からはやむを得ない措置かな」と自分を納得させた。何年かたって制度としては定着したが、一つ問題があった。後期高齢者医療広域連合の組織には、75歳以前のその方の病歴や健康度のデータが乏しく、適切な医療受診や介護サービスに結び付けているのか、不安があったのだ。

国が「介護保険の地域支援事業と国民健康保険の保健事業を一体的に実施することを可能」としたのは、その反省があったからではないか。新潟市では実家の茶の間の取り組みがあったので、新しい保健事業がスムーズに開始されることになった。

第2部　助け合いの歩み

序　超高齢社会の「希望の星」

「地域包括ケア」　国と新潟市の取り組み

超高齢社会が日本全国で急速に進行している。総人口が減少する中、高齢者（65歳以上）だけは当分の間、増加が加速する一方、生産年齢人口（15歳〜64歳）の層が年々細くなっていく上、著しい少子化が年少人口（14歳以下）の層をさらに薄くしていく。その変化の速さは、人口ピラミッドの経年推移を見れば一目瞭然だ（図１）。

「胴上げ型」から「肩車型」に

例えば新潟市では、１９７５（昭和50）年には65歳以上の高齢者一人を８・８人の生産年齢人口が支えていた「胴上げ型」だったのが、２０１５（平成27）年には２・３人が支える「騎馬戦型」に変化。２０４０年には一人の高齢者を１・４人が支える「肩車型」になる予測が示されている。この予測が良い方向に大きく狂う可能性は残念ながらない。

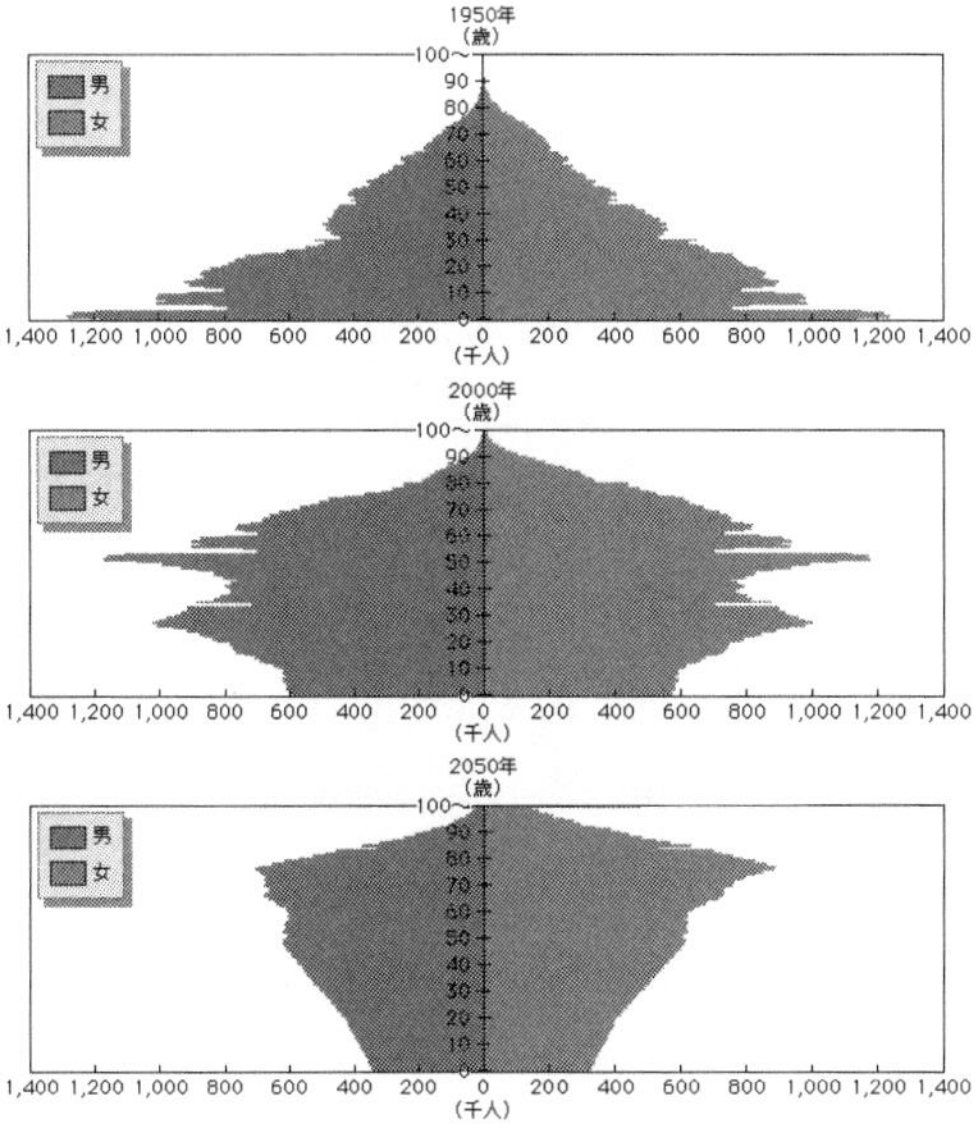

=図１=日本の人口ピラミッドの変遷（国土交通省交通白書）

今後は高齢化の中でも75歳以上の人口が急増し、団塊の世代がすべて75歳以上となる２０２５年までに、日本社会は急激な変化に晒されざるを得ない。国は、「２０２５年問題」と名付けている。

この状況を踏まえて、国はこれまでの「施設で医療・介護が受けられる態勢」から、大きな方向転換を打ち出している。

問題の２０２５年を目途に、「重度な要介護状態となっても住み慣れた地域で自分らしい暮らしを人生の最後まで続けられるよう『住まい・医療・介護・生活支援・介護予防』が一体的に提供される態勢の構築実現」を謳い、その態勢を「地域包括ケアシステム」と名付けている（図２参照）。

地域包括ケアシステムとは、「地域の包括的な安心の暮らしづくり」と理解して大きな間違いはないようだ。新潟市では、国の方針を受けて２００４（平成16）年、地域や自宅での医療・介護を適切に受けられるようにするため「地域包括支援センター」を26か所に開設。具体的役割を果たす保健師や主任ケアマネージャーを配置してきた。

「地域包括ケアシステム」とは

国は２０１５年、本格的な「地域包括ケアシステム」の構築に向けて新たな資料を示した（図３参照）。

=図2=平成28年3月地域包括ケア研究会報告書資料から抜粋

=図３=平成28年３月地域包括ケア研究会報告書より

植木鉢には「医療・看護」「介護・リハビリテーション」「保健・福祉」という3つの葉っぱが伸びている。葉を活かす土壌部分が「介護予防・生活支援」で、心身が衰え、経済的問題や家族関係が変化しても「尊厳ある生活が継続できるよう生活支援を行う」との目標を明示。

生活支援には「食事の準備などサービス化できる支援」から、「近隣住民の声掛けや見守りなどのインフォーマルな支援まで」幅広く、「担い手も多様」と規定している。

植木鉢の役割を果たすのが「すまいとすまい方」だ。自宅での医療・看護・介護を可能とする住まいが整備され、本人の希望と経済力にかなった住まい方が確保されていることが地域包括ケアシステムの前提となり、高齢者のプライバシーと尊厳が十分に守られた住環境を植木鉢に例えている。その植木鉢を支える土台となるのが「本人の選択と本人・家族の心構え」になる。

これから単身・高齢者のみ世帯が大きく増える中で「在宅生活を選択することの意味を本人・家族が理解し、そのための心構えを持つことが重要」と国は超高齢社会での心構えを求めている。

「自助・互助・共助・公助」

地域包括ケアシステム社会を回していくのが「自助・互助・共助・公助」の4要素だ。「自助」は、自分のできることは健康管理も含めて「自分でする」ことであり、ここに「市場サービスの購入」も国は織り込んできた。このため「自助」の範囲は各人の心身状況だけでなく、経済的事情によっても変わってくることになる。次の「互助」は、個人的な関係を持つ人間同士、住民同士が助け合うものや、各種団体・住民組織のボランティア活動などで、高齢者当事者のボランティアや生き甲斐就労も含まれ、費用負担では「制度的に裏付けされていない自発的なもの」となる。

そして「共助」は公的介護保険や医療保険に代表される社会保険制度とそのサービスで、費用負担は「被保険者と税」となる。４つ目の「公助」は税による公の負担。国や自治体が一般財源（税金）で行う高齢者福祉事業などで、生活保護や人権擁護、虐待防止対策なども含まれる。地域包括ケアシステム構築を目指す２０２５年までは高齢者の独居あるいは高齢者のみの世帯が一層増加するため、「自助・共助の求められる範囲・役割が変化していく」と国は明記。

「少子高齢化や財政状況から、共助・公助の大幅拡充を期待することは難しく、自助・互助の役割が大きくなることを意識した取り組みが必要」と方向性を示している。都市部とそれ以外の地域の特性にも触れ、「都市部では強い『互助』を期待することが難しい反面、民間サービス市場が大きく『自助』によるサービス購入が可能」とし、それ以外の地域では「民間市場が限定的だが『互助』の役割が大」と記している。

以上が国の目指す「地域包括ケアシステム」の概要だ。

国が今後の年齢構成や財政難から「共助」「公助」を縮小し、「互助」「自助」のウエイトを大きくしていきたい心情が明確に伝わってくる。その流れは２０１４年に介護保険制度の「要支援」を国の事業から外し、「介護予防・日常生活支援総合事業」として基礎自治体（市町村）の業務としたことで一層明らかになった。また、地域の助け合いを推進するために、市全域を大きく分けたエリアに「一層」、生活圏域には「二層」の協議体が置かれ、それぞれに「生活支援コーディネーター」が配置されることになった。

新潟市と住民有志の協働事業

こんな大状況の中で、「いま住んでいるこの土地で、いつまでも安心に暮らしたい」との人々の願いが叶うよう取り組んでいる地域がある。本州日本海側唯一の政令市である新潟市だ。

新潟市では地域包括ケア推進のモデルハウス第一号として「実家の茶の間・紫竹」が２０１４年に開設され、住民有志と新潟市が協働する形で運営されている。実家の茶の間には全国から視察が絶えず、福祉関係者からは「超高齢社会での希望の星」と呼ばれている。お年寄りをはじめ障がい者や子どもたち、外国人、幼子を持つ世代らが集う「実家の茶の間・紫竹」は、どんな活動に取り組み、どこを目指しているのか——それを探りに現地を訪ねてみた。

1　居心地の良い「実家の茶の間・紫竹」
—何をしてもいい、何をしなくてもいい—

ここにいるのは「場」の利用者だけ

新潟市の玄関口、ＪＲ新潟駅から東南へ約2キロメートル。古くからの住宅地である東区紫竹にあった一軒の空き家を借り受けて、２０１４年10月、「実家の茶の間・紫竹」はオープンした。ここは新潟市が全8区で展開する「地域包括ケア推進モデルハウス」の第一号で、「ここにはサービスの利用者はいない。いるのは『場』の利用者だけ」だという。

２０１９年春、「実家の茶の間・紫竹」を訪れた日は、座敷を3つつないだ大広間にお年寄りを中心に30人ほどが憩っていた。特にまとまって行動するわけではなく、一人ひとりが自由にその場を楽しんでいる。おしゃべりに花を咲かせる人、裂き織をする人、ボードゲームに熱中する人、それぞれが思い思いに過ごしている。目の不自由な人が来ると、連れの方と共にさりげなく居場所が用意され、おしゃべりの輪が広がる。幼児を連れたお母さんが加わり、夕方には学校を終えた小学生が遊びにきて、慣れた様子で備え付けの玩具を出し、一人遊びを始めた。

集団で行動するのはお昼ご飯の時と、２時からの体操だけ。その体操も座ったままでやる人もいれば、おしゃべりを優先している人もいる。行動を強制されることはなく、自由に過ごしている。「何をしてもいい」「何もしなくてもいい」のが、この場の特徴だそうだ。温かく、寛いだ空気はまさしく実家に帰省した気分だ。

雰囲気を守る「決まり事」

しかし、決まりがないわけではない。

壁には手書きの文字で「どなたが来られても『あの人だれ！』という目つきをしない」「プライバシーを聞き出さない」「その場にいない人の話をしない」などのルールが書かれた紙が貼り出されている。お陰で見慣れない私たちにも、不躾な視線が飛んでくることはなかった。最初から感じた居心地の良さは、こんなルールに支えられているのかもしれない。

おしゃべりの輪に加わると、「ここがあるから、ホントに助かっている」「ここに来るのが生き甲斐なの」などの言葉が私たちに向けられた。

お菓子を勧めながら「ここは、オレの実家なんだ」と嬉しそうに語る人もいた。みんな親切だけれど、押し付けがましいところがなく、不思議なやすらぎ空間が形成されていた。

衛生面にも万全の配慮

お昼には「自発的に手を挙げる」お当番さんがつくってくれる昼食を楽しむ。調理の際、厨房ではエプロンをしていたお当番さんは、みんなの前に出る時はエプロンを外している。サービスする人、受ける人、の関係をつくらないためだという。

全員の食事が終わると、初めて「ご馳走さま」となり、後片付けが始まる。雰囲気は温かいが、食の安全には万全の配慮をしている。そういえば、お茶を飲む紙コップも、それぞれが名前を書いて自分のコップしか使わないようにしている。これも衛生のためだ。

ここは新潟市が月々の家賃と光熱・水道費を負担し、実際の運営は任意団体「実家の茶の間運営委員会」が担っている。行政と市民有志の協働事業だ。祝日も含めて毎週月曜と水曜の朝10時から午後４時まで開かれ、参加費は３００円。さらに３００円支払えば、栄養バランスが良くておいしい昼食を楽しめる（子どもは共に無料）。

運営費にはそれ以外に「実家の茶の間」のある紫竹地区以外の方からの賛助会員費２千円（年間）があり、70人以上が会員となっている。これは5台分確保してある駐車場費に充てられるそうだ。

２　「実家の茶の間・紫竹」が動き出した

――新潟市との協働、新たなモデルに――

私たちが「実家の茶の間・紫竹」を訪れた日、運営委員会代表の河田珪子さんは明るい、ひまわりのような笑顔で私たちを迎え入れてくれた。その河田さんから「実家の茶の間・紫竹」を立ち上げるまでの経緯を聞いた。

河田さんは、新潟市で初めてとなる有償の助け合い「まごころヘルプ」を立ち上げた方で、「地域の茶の間」の創始者でもある。河田さんは２０１３年、10年間続けたみんなの居場所「うちの実家」の活動にピリオドを打ったが、そこに通っていた方たちとの交流が続けられるよう、新潟市の公民館で居場所を始め、そこを「実家の茶の間」と名付けた。さらにご近所の困りごとを話し合い、その解決策を考え・実践する「ご近所談義」を公民館と組んで始めた。

次いで多職種が集う「夜の茶の間」や普通の家で暮らし続けるための「介護技術研修」など、ユニークな活動を続けていた。さらに全国各地から、温かい居場所をつくる助言を求められ、講演にも飛び歩く毎日だった。各地で展開されている「居場所」の運営改善や、立ち上げ支援について助言を求められることも多かったが、「『うちの実家』の様子を写真で見てもらったりしても、話だけではいま一つ雰囲気が伝えられない」と、もどかしさを感ずることもあった。

「福祉の土壌を豊かにする役割」

一方で超高齢社会は進行し、地域包括ケアシステムの本格導入が迫っていた。そして、「うちの実家」が幕を閉じる2013年3月、国の「地域包括ケア研究会」の報告書が出された。

そこで示されたのが、冒頭の「序　超高齢社会の『希望の星』」で示した＝図３＝だった。あの３枚の葉っぱと植木鉢に入っている土壌の図を見て、河田さんは改めて自らの役割を認識した。

「私の役割・使命は、植木鉢の土を豊かにすることなんだ。私が大阪から帰ってきた１９８０年代後半、この土は瓦礫だらけだったけど、その頃とは住民意識も随分変わってきた。この土壌をさらに豊かにして、３枚の葉っぱを元気にするのが私の役目なんだ――そう思ったんです」と、河田さんは振り返る。

その頃、新潟市は何をしていたのか。河田さんたちの影響もあって、篠田市政（２００２～２０１８年）は「日本一安心な政令市」を目標に掲げ、２０１０年からは地域包括ケアシステムへの移行推進を全庁で確認した。２０１２年には各区に市民主体の助け合いを創り出す「生活支援コーディネーター」の配置にも着手。２０１３年以降は、地域包括ケアへの準備を本格化させようとしていた。河田さんの思いと、新潟市・国の取り組みがクロスする時期が来ていた。そして２０１４年６月、河田さんは当時の篠田市長と面談する。「私たちに何か、市と一緒にできることはないでしょうか？」と市長に語り掛け、「市との協働事業で、うちの実家を再現する」計画が動き出す。篠田さんはその時の様子をこう振り返る。「新潟には河田さんたちの貴重な実践がある。『うちの実家』のような場をもう一度つくっていただければ、みんなが助け合って生きる社会のモデルにもなる。『市との協働事業で、ぜひやってほしい』とお願いしました」。

「おカネがないのはチャンス」

ここから話はトントン拍子に進んだ。新潟市は河田さんに「支え合いのしくみづくりアドバイザー」を委嘱し、居場所探しが始まり、東区紫竹にあった空き家を活用することに決めた。市長に会った4カ月後となる10月に開所したのだから、すごいスピードだったが、苦労も並みではなかった。

長く空き家だっただけに、居場所にするには修繕が大変だ。でも、市からの改修費は40万円だけ。「40万円は、あっという間になくなりました。だって、家をきれいにする掃除機もなければ、何もないわけですから。市の人も『予算、どうしましょうか？』と気を遣ってくれたけど、私はおカネがないのはチャンスだと思った」と河田さん。

「ほら、ここを見てください。このテーブルも、椅子も、ここの備品はみんな、それまで一緒に活動してきた仲間や地域の人が寄付してくれたものなんです。食器もみんな、そう。お世話になることで絆ができる。『これはチャンスですね』と。地元を対象にした説明会に参加した80代男性トリオにお願いして、手すりとか、みんな大工仕事でつくってくれた。お世話を掛けた人みんなが『ここは自分の実家だ』と思ってくれたの」と言う。ここでも河田チームのこれまでの知恵とノウハウが役立った。

3　進化する「実家の茶の間・紫竹」

―日本版「ネウボラ」へ　「茶の間の学校」も開校―

「モデルハウス」を各区に

新潟市は２０１５年に「実家の茶の間・紫竹」のような地域包括ケア推進のモデルハウスを全８区に開設することを決めた。河田さんは、各区のモデルハウス開設に力を貸しながら、次のアイデアを実行に移す。それが２０１６年の「茶の間の学校」開設だった。

実家の茶の間のような居心地の良い「地域の茶の間」を身近なところに数多く立ち上げ、

運営してもらう人材を育てるためのものだ。座学を一日、そして「実家の茶の間・紫竹」での実地研修も体験できる「学校」だ。これは新潟市と市公民館、そして河田チーム、三者の協働事業だった。茶の間の学校の校長には、新潟市を拠点として長く人づくり・地域づくりに取り組んできた「えにし屋」主宰、清水義晴さん(71)が就任した。

清水さんは、河田さんと長年にわたって活動してきた「戦友」だ。50代後半で病に倒れ、今も車いすで生活している。「茶の間づくりは地域づくり」と捉えている方だ。「茶の間の学校」は２０１９年度までに8回開講され、約２６０人の方が受講。新潟市に設置されている茶の間は５００以上を数える。

保健師さんがやってきた

河田チームはモデルハウス第一号の「実家の茶の間・紫竹」をさらに多機能にし、進化させていく。ここでも、市との協働事業の特徴が活かされる。

例えば実家の茶の間では、集まる方の健康に気を配り健康指導に当たる保健師さんが月一回やってくる。これは新潟市の健康施策「新潟版ネウボラ」の一環だ。

ネウボラとはフィンランド語で「助言の場」を意味し、妊娠から就学まで担当の保健師が家族の健康を支援するフィンランドの政策のことだ。新潟市では包括ケア推進のモデルハウスに保健師さんが定期的に出掛けることで、参加者の健康や子育ての相談に乗り、地域の健康度を増すと共に安心感の向上を図っているのだ。

助け合いチケット「実家の手」

「地域での助け合い」もモデルハウスの利用者同士で始まっていた。助け合いを仲立ちするのが「実家の茶の間・紫竹」の「回数利用券」だ。

そこには「回数利用券」と並んで、「実家の手――ちょっとした手助けのお礼に使用」との文字が書かれている。６枚綴りで１５００円。茶の間の参加費が一回３００円だから、回数券は一回分お得になっている。その回数券を媒介にして、茶の間の利用者同士がお互いの「ちょっとした困りごと」を気兼ねなく助け合い、より安心な暮らしを築いているという。

有料チケットの発行は、実家の茶の間開設の２年後となる２０１６年。開所２周年の10月に「場の様子」を観察した結果、参加券に「助け合い」を加えることにしたのだ。

助け合いの内容は第１部でも紹介した。「今では驚くほど多く、助け合いチケット『実家の手』が使われています」と笑みを広げる河田さんに、「なぜ有償なのですか？」と尋ねると「有料チケットを使うのは、手助けを受ける側が余計な気を遣わずにするためです。労働の対価ではありません」と答えてくれた。

4　地域包括ケアの「道標」

―「絵に描いた餅」をどう実現する―

2025年に向けて、国からの要請

国は「地域包括ケアシステム」構築の目標年度の10年前、２０１５年に地域包括ケア推進に向けて動き出すよう、組織づくりと要員配置を地域に求めた。全市町村に広域を対象とする「第一層の協議体」と、日常生活圏を対象とする「第二層の協議体」を組織し、各協議体にはそれぞれ「生活支援コーディネーター（ＳＣ）」を配置する方向だ。

政令市である新潟市では「第一層を行政区単位」、「第二層は複数の中学校区単位を基本」とすることを決めた。それと同時に、市民により親しまれるよう、国とはネーミング

を変えた。

「協議体」は「支え合いのしくみづくり会議」。「生活支援コーディネーター」はこれまで紹介してきたように「支え合いのしくみづくり推進員」と呼んでいる。ここでもキーワードは「支え合い」だ。

国は地域包括ケアの「理想の絵」を描き、「組織」と「要員配置」などの仕組みは提示した。しかし、これは当然のことながら「絵に描いた餅」でしかない。協議体の構成員や推進員には当初、「どうすれば国が目指す、地域での安心な暮らしが実現できるのか」、その道筋がほとんど見えていなかった。自治体担当者に聞いても「国からの具体的方針はまだ示されていない」「皆さんで考えてください」などの要領を得ない答えしか返ってこなかった。責任感の強い関係者ほど悩み、何とか方向性を見出そうともがいていた。

南区はどう動いたのか

それは新潟市でも同様だった。他の自治体と違ったのは、河田さんに「支え合いのしくみづくりアドバイザー」に就いてもらい、地域包括ケアを推進するモデルハウスに2014年から着手していたことだ。新潟市は、「新しい支え合いのしくみ」をつくる「推進役」

と、「推進の場」を持っていたことになる。新潟の取り組みについて南区をモデルに２人から話を伺った。

南区全体をエリアとする一層のＳＣ鈴木照子さんと、二層（日常生活圏）の中で白根南部地域（白南、白根第一中学校区）をエリアとするＳＣ吉村弥寿江さん（70）だ。

新潟市では先に紹介したように、国に先駆け「お年寄りが地域で安心に暮らしていける地域づくり」へ動き、ＳＣを独自に配置していた。南区では吉村さんがＳＣとして採用され、活動を始めていた。吉村さんは定年退職してからヘルパーの資格を取り、訪問介護の仕事を始めた方だ。「さまざまなお宅に入ってヘルパーをやってきました。介護保険の在宅サービスの対象と、そうならない部分の境目のところで大変な思いをされているご苦労はヘルパーとして感じていた」方だ。

「介護保険の対象外のことをやって差し上げられれば、本当に助かるのに」と感じることは数多くあったそうだ。

地域包括ケア推進に向けて国の新たな方針が示された２０１５年、南区では「一層の組織」をつくるための準備会を南区役所で開いた。鈴木さんは新潟市社会福祉協議会（社協）職員の立場から準備会に参加した。

「一層の推進員を誰にするかがポイントでした。南区では『ヘルパー経験がある吉村さんがなってくれればいい』との声がありましたが、新潟市全体で一層の推進員は社協職員という流れになっていきました」と鈴木さんは経緯を説明する。

河田さんは、一層の推進員選びの状況を見て、不安も感じた。推進員は地域との関係が大事のはずだが、協議体で選ばれるのではなく、社協からの辞令で個人名が出てくる。「住民同士の助け合い推進」が目的だが、辞令を交付された推進員の中には地域との関係が希薄な人や、助け合い活動の経験がほとんどない人もいて、年齢もばらばらだった。

「初年度は切なかった」

鈴木さんの一層ＳＣとしての大きな仕事は、「地域包括ケア」の意味を住民に知ってもらうことだった。

「包括ケアは『住民主体でやっていく』ということですから、住民の方に理解してもらわないと。でも、私たちも、役所の担当者も、どうやって包括ケアをつくっていくかを説明できない。初年度は切なかったですね」と鈴木さん。

たどり着くべき姿の「絵」はあっても、そこに行き着く道筋が見えない。全国の先進事例を探しても、包括ケアを実現した地域はまだどこにもない。悩み抜いた人たちの「希望の星」となったのは「実家の茶の間・紫竹」だった。

「新潟市のSCさんをはじめ、色んな地域の方がここに来られました。SCの方は最初、みんな暗い顔していてね。真面目な方ほど苦しんでいた」と河田さん。河田さんたちが「実家の茶の間・紫竹」の運営を始めたのも、SCたちの「研修の場」とすることが目的の一つだった。実家の茶の間をやっていけば、そこに集まる方たちの困りごとが「見える化」され、実際の困りごとのニーズが把握できる。

「その困りごとをどうすれば手助けできるか」に心を動かし、実践していくことが容易になるのだ。

５　「助け合いの気風」広げたい

―「自助に近い互助」で、安心な地域を―

厳しさを増す介護保険の今後

２０００年代初めまで、新潟市では「まごころヘルプ」と「地域の茶の間」が両輪となって、助け合いが広がってきた。しかし、２０００年にスタートした介護保険制度が軌道に乗る中で、「有償の助け合い」は逆に役割を失っていった。

まごころヘルプは市の福祉公社の自主事業となり、河田さんが去った後は介護保険の上乗せサービスへと変化していった。生協やＪＡ、病院などが旗を振った「助け合い」もランニングコストなどの面で多くが介護保険の傘に隠れて先細りとなっていった。

一方、肝心の介護保険制度は運営の厳しさが明らかになり、国からの「利用抑制」の動きが目立ってきた。２００５年には認定を「要介護」と「要支援」に分け、「要支援」の人は「介護予防が必要」との理由で、利用の多かったホームヘルプサービスとデイサービスが縮小され、２０１４年には「地域包括ケア構築のため」として、この二つのサービスが給付から外され、「要支援」は市町村事業に移管された。市町村はその後、増え続ける「要支援」の人のため、安い委託費で総合事業を担う地域・住民団体やＮＰＯなどを増やすことに苦労している。

また、この年に特養への入居資格が「要介護３以上」と条件が厳しくなった。

施設と在宅の介護サービスの差

河田さんは、そんな動きをどう見ているのだろうか。

「私たちは、まごころヘルプの時から、縮小していく『家族機能』の代替を考え、自分ごととして行動してきました。介護保険制度は本来『介護の社会化』を掲げてスタートしましたが、発足当時から施設と在宅での介護サービスには大きな差があったんです」と河田さんは言い、一枚の資料を取り出した。

それは２０００年当時の「要介護３」の方を対象にした施設と在宅の介護サービスの１週間分を書き出して対比したものだった。「施設サービスでは24時間で受けられるサービスがこれだけある。夜も施設ならちょこちょこ見にきてくれるし、トイレの介助だって５、

6回も来てくれる。一方の在宅サービスはカラカラでしょ。空白だらけなんです。まず、この土台を理解してもらいたいんです」

そう語った河田さんは、さらに熱を込めてこう続けた。

「在宅介護のこの空白だらけの状態と、その方の家族機能の状態。これを一緒にしないとその方の置かれている実態が見えてこない。この資料はあくまでも介護サービスとして描かれた『状態像』で、行政はその中でできるサービスをやるわけですけど、それは生活者目線ではありません。例えば要介護1や2の方でも、その方の家族機能はどうか、そこをドッキングさせないとね。私たちは生活者目線でその方の困りごとを捉え、その困りごとを少しでも解決するように動いてきたんです」

「家に入っての助け合い」が重要

新潟市では地域によって、お年寄り世帯のごみ出しに中学生が協力したり、コミュニティ協議会（コミ協）が取り組んだりしているところもある。

介護保険制度の「要支援」が市町村事業になってからは、お年寄り世帯の生活支援B型事業（訪問型）を市町村がおカネを出して支援し、コミ協など地域が受けているところもある。ごみ出しや庭の草むしり、買い物支援、電球の付け替え、などが主なものだ。

「それも大変にありがたい支援です。本当に素晴らしいこと。でも、これから国は『要介護1・2』の生活支援も市町村に移管することを検討している。そうなれば、ヘルパーさんが今要介護の方にして差し上げている生活支援サービス。それは、ほとんどが家の中での手助けですよね。それを私たち地域がやることになります。家の中に入っての手助けを『地域の助け合い』でやれるようにしないと、安心な暮らしは築けないことになる。私たちは、それが当たり前にできる社会を目指している。それが『助け合いの気風広げ』なんです」と河田さんは説明した。

6 「助け合いの学校」で担い手づくり

―他人の家に入り「困りごと」に対応―

「新潟から『助け合いの気風』を広げたい。それも家にまで入っての助け合いを市全域に広げていきたい」

――その思いを温めていた河田さんたちは２０１８年、いよいよ新潟市全域に「家にまで入っての助け合い」を広げる取り組みに着手する。それが「助け合いの学校」の開設だった。

「歩いて15分以内で、困っている人の家に入って、有償で助け合う。それを市全域に広げていきたい。そのためには助け合いの担い手が大勢いりますよね。それで『助け合いの学校』を開き、協働で運営いただくよう新潟市に提案しました」と河田さん。当時の篠田市長は、その提案を聞いて心底驚いた。

「全国どこでもやっていない、こんなすごいことに取り組めるのは、これまでの経験とノウハウ、そして勇気のある河田さんたちしかできない。この時、河田さんが自らの肩書を『支え合いのしくみづくりアドバイザーにしてほしい』と言われた本当の意味がやっと分かりました」と篠田前市長は述懐する。

「まごころヘルプ」を市全域で再現

「助け合いの学校」はこうしてスタートした。「茶の間の学校」の初代校長、清水義晴さん（71）は、「河田さんは『まごころヘルプ』でやられた有償の助け合いを、『茶の間』などを活用して市全域に広げられようとしているのだと思う。これはすごいこと。助け合いの中でも家に入っていくには作法というか、ルールが必要です。まごころヘルプの経験を持つ河田さんたちでなければできない取り組みだ」と語る。

河田さんは「手助けを受ける側にとっても『他人を家に入れる』ことは大変にハードルが高いんです。歩いて15分以内だと、来てくれる方が顔見知りの場合もあるでしょう。そういう方から家に来られて、『家の中の乱雑な様子をご近所に言われたらどうしよう』と心配する。そんなことがないようにするには、『助け合いの学校』で基本的なことをちゃんと学んでもらうことが大切です。『プライバシーを守り、自分の価値観を相手に押し付けないこと』とかを学んでもらう。そのためにも助け合いの学校が必要なんです」と説明した。

実践的な「助け合いの学校」

「助け合いの学校」は希望者に丸一日の座学を受けてもらい、受講者には修了書が渡される。随時、「実家の茶の間・紫竹」などを活用した実践研修も開かれている。

篠田市政で始まった「助け合いの学校」は、中原八一市長の下で市と各区役所、支え合いのしくみづくり推進員と河田さんチームの協働事業として継続され、２０１９年度までに11回開催され、延べ６３７人の希望者が受講している。

私たちも後日、「助け合いの学校」を受講してみた。参加者には河田さんオリジナルの「ガイドブック」が配布される。表紙には「今、手助けが必要な人と、今、手助けができる人とが、お互いに助け合いましょう！」と書かれていた。授業の内容は極めて具体的・実践的だ。まず、河田さんが「助け合い活動について」と題して45分ほど話をした。

「助け合いの大前提は、手助けする側の立場からつくらないこと。手助けを受ける立場からつくり、利用する立場から考えるんです。だって、みんな本当は自分のことは自分でやりたいのよね。できることなら、人の世話にはなりたくない。どうしても手助けがいる時でも、『家の中を人に見られたくないし、プライバシーが外に漏れるのは怖いし、嫌だ』と思っていらっしゃる。『誰か、手助けしてくれる家族はいないの？』って聞かれるのなんて、一番嫌なんですよ。その方の気持ちを推し量る『共感力』が助け合いには必要です」

矩《のり》を超えず、距離感を守る

河田さんはその認識を基本として、「他人の生活の場に入るわきまえを持ち、矩を超えずに、距離感を守る」ことの重要性や、「人には人の生活の歴史、身体の歴史があり、価値観や生活様式、経済力もみんな違う。自分の価値観を当てはめて、他人の私生活を評価しないこと」「家具や食器の置き場などで『こっちの方が便利ですよ』と押し付けるのは絶対ダメ」「自分流で行動しない。相手に指示するなんてもってのほか。『おじいちゃん、おばあさん』などと呼ばず、『●●さん』と相手の姓で呼び、自立・自律を支援することが大切」など、具体事例を挙げて分かりやすく語り掛けた。助け合いは有償で、1時間ワンコイン（500円）を基本としている。

7　「お互いさま・新潟」が始まった

―ご近所の困りごと　助け合う仕組みを―

2018年秋、「実家の茶の間・紫竹」が4周年を迎えた時期に、河田珪子さんは「歩いて15分以内の、困りごと助け合い」を実践する「助け合い　お互いさま・新潟」を発足させることにし、新潟市の「支え合いのしくみづくり推進員（SC）」ら関係者に明らかにした。

それは新潟市の全8区に「助け合いを創り、広げる」ためであり、同時に「ＳＣの実践研修の場をつくる」ことでもあった。

「お互いさま・新潟」を立ち上げるに当たり、河田さんたちは「市全域」「誰でも、どこでも」にこだわった。なぜだろうか。「茶の間などを拠点としての助け合いが軌道に乗ると、必ず『茶の間に行くことができない人はどうするの』という問い掛けが出てきます。茶の間にくれば助け合いの輪に入れるだけでなく、さまざまな情報も得られます。例えば、保健師さんに健康相談もできるし、介護予防をはじめ行政の介護支援施策から便利屋さんの情報まで得られます。一方、茶の間に来られない方は情報弱者にもなってしまう。このギャップを少しでもなくしたいと考えたからです」と河田さんは語る。

「まごころヘルプ」の教訓

しかし、対象者を広げればニーズも増え、助け合いの担い手を増やすだけでも大変だ。手助けを受ける側と手助けする側とのマッチングをコーディネートする事務局の役割が重くなる。河田さんは有償の助け合い「まごころヘルプ」を立ち上げた時から、そのことを痛いほど感じてきた。

「まごころで困りごと支援をやり始めたら、困りごとのニーズもどんどん膨れ上がってきました。私たちはサービスを月１０００時間以上受けると、サービスの質に責任が持てなくなると思っていた。ところが月１３００時間を超えるようになりました。『助けて！』とのニーズに応えたいけれど、事務局の態勢とランニングコストを考えると『青天井』にはできない。それで、『市の福祉公社に入らないか』との新潟市の誘いに乗って『後ろ楯』を持ったわけです。でも、私たちが目指す『家族機能の代替』への思いは薄くなっていく。『まごころ』は、私がやめて2年ほどでヘルパーの上乗せサービスになっていきました」と河田さんは振り返る。

「有償の助け合いは、おカネがないと持たない」――このことを思い知らされる体験を河田さんは何度も味わってきた。「まごころの後、市民生協や社協、各地のＪＡさん、医療機関など、県内や全国でさまざまな有償の助け合いの立ち上げ支援に関わりました。みんなバックというか、母体があった。有償の助け合いのニーズが膨らめば、マッチングや交通費などのランニングコストが掛かる。それを後ろ盾の母体が負担してくれなければ、成り立たない仕組みなんです。介護保険制度が定着してくるにつれ、有償の助け合いはみんな変わっていきました」

そう語る河田さん。ランニングコストにこだわるのには意味があった。

事務局をモデルハウスに

河田さんが行き着いたのが、交通費と事務局経費におカネを掛けない「歩いて15分以内の助け合い」だった。そのため、困りごと相談は電話で受けることとし、相談受付には市の地域包括ケア推進モデルハウスを活用することにした。今、「お互いさま・新潟」の事務局は、「実家の茶の間・紫竹」などに置かれているのだ。それを聞いてもう一度、実家の茶の間を訪れた。

「ここが事務局です」。河田さんが私たちを玄関わきの六畳と四畳半ほどの部屋に案内してくれた。みんなが寛ぐ大広間とは廊下一つ隔たっている。この部屋には、茶の間が休みでも平日は毎日３人チームが詰めて、電話で困りごとの相談に応じている。３人チームは、いずれかの場で有償の助け合いに関わったことのあるエンジンメンバー（先生役）１人とＳＣら２人から成っている。ＳＣは「地域包括ケア」を実現するためのキーパーソンで、「お互いさま・新潟」の取り組みは、ＳＣの実践研修の場ともなっているのだ。

この「助け合いの事務局」の態勢づくりは、「全国どこでもやっていない、前代未聞の取り組み」（さわやか福祉財団）だが、目に見える効果は「実践研修」の面で早くも表れていた。SC有志たちが「お互いさま・新潟」の事務局に交替で詰めたことで、地域住民がどんなことに困っているか、生活支援のニーズが分かってきたのだ。

「経験のあるエンジンメンバーとSCがチームを組むことで、どんな困りごとなら『お互いさま・新潟』で引き受けることができるか、ジャッジする訓練になるし、多くのSCが情報共有することでSCさんが成長する場にもなっています」と河田さんは説明する。

相談者は、ほぼ全員が一人暮らし

中央区一層のSCでこの日の担当者の渡邊隆幸さん（39）に中央区民からの困りごと相談について聞いてみた。中央区は1世帯当たりの平均人数が全区で最も少なく、一人暮らしが多い。転勤族でそのまま新潟に居ついた方も多く、その方たちは親戚縁者も少ない。そのせいか、困りごと電話相談者のほぼ全員が一人暮らしの方だという。

「最近では『本棚を組み立てられなくて困っている』との依頼を大学生につないだら、『やります』と即答してくれました。その大学生は福祉関連志望で、『助け合いの学校』を受講してくれた方でした」と渡邊さん。中央区やその隣接地域に現在１２０人ほどの助け合い登録者がいて、大半が「助け合いの学校」修了生だそうだ。

事務局への電話相談は区ごとに「相談受付ノート」に概要が記載され、当番メンバーが情報を共有している。

「困りごと相談の携帯に出ると、いきなり大泣きされ、話を聞いて差し上げているうちに、気持ちが段々収まってこられた。介護保険が利用限度いっぱいになって、困って電話してこられたとのこと。『話を聞いてもらっただけで落ち着きました』と反応され、安心しました」（当番のＳＣ）と言う。困りごと相談電話は、心細い時の「心の避難所」にもなっているようだ。渡邊さんは「お互いさま・新潟」について、「これから介護保険が厳しくなることを考えると、すごい取り組みを新潟は始めていると思う。でも、あまりにも世の中の先を行っていることもあって、この取り組みを一般の人に理解してもらうことが大変。なかなか、一言で説明できなくて……」と、もどかしそうに語った。

8 「お互いさま」を全市展開へ

―地域の事情を考慮、それぞれの独自性活かす―

「全国、みんな困っている」

「実家の茶の間・紫竹」を事務局とする、みんなの助け合い「お互いさま・新潟」は、国が推進する地域包括ケアシステムを前進させる「支え合いのしくみづくり推進員（ＳＣ）」の研修と強くリンクしていた。新潟市のＳＣは介護予防にもなる居場所をつくる時は「実家の茶の間・紫竹」を学びの場にできるし、「茶の間の学校」も活用できる。

「茶の間」を拠点とした助け合いも「実家の手」で始まっていて、地域の困りごとを具体的に把握し、その解決への実践に踏み切ることもできる。２０１８年からは実際の助け合いの担い手を生み出す「助け合いの学校」が動き出し、「お互いさま・新潟」での助け合いの実践に学ぶこともできるようになった。

包括ケア構築の使命を帯びた人たちは「実家の茶の間・紫竹」で今後進むべき道を見出

し、明るい表情を取り戻していた。

「来る度に明るくなってくる表情を見ると、こちらも嬉しくなって」と河田さん。新潟県内では関川村や弥彦村、出雲崎町などの関係者が繰り返し、実家の茶の間を訪れた。県外からも山形や岩手、長野、群馬、埼玉、そして関西などからも視察・研修の流れが途切れない。「それだけ、全国みんな困っている。そういうことですよね」と河田さんは語った。

「助け合いの社会資源」を整理

「お互いさま・新潟」を始めたもう一つの狙いとして、河田さんは「助け合いの社会資源を、地域ごとに整理していくこと」を挙げる。

「電話相談では、収集した地域の情報を地域の方にお届けすることで、情報ギャップをできるだけなくしたい」と言うのだ。「茶の間に来られる方には色んな情報をお届けできますけど、そこに来られない方は『情報過疎』になっています。それに地域でのサービスはみんな違うじゃないですか。配食サービスだって、便利屋さんだってね。だから、全区で電話相談に応じながら、『こういうサービスをやっているところがありますよ』って、地域ごとの情報をお届けすることも『お互いさま・新潟』の重要な役割だと思っています」と河田さんは説明する。

しかし、「区ごとの取り組み」の道のりも平坦ではなかった。一層のＳＣとの情報交換会の中で、河田さんは「お互いさま」で電話相談を受け付けることのほか、地域の情報をまとめて、地域にお届けする大切さについて提起した。地域にあるさまざまな助け合いの資源。それはスーパーやコンビニ、移動販売、配食サービス、シルバー人材センター、便利屋さんなどのことだ。

「困りごとの電話相談を各区で受けることにしませんか。それに合わせ、生活を助けるさまざまな社会資源をリストアップして、地域に情報提供できるようにしたらどうでしょう」と河田さんは語り掛けたが、ＳＣの多くが黙って下を向いていた。

みんなの不安や自信のなさを感じ取った河田さんは、「では、まず紫竹で始めてみますか。そして、態勢ができた所から自分の区に持っていけばいい」と提案した。皆、ほっとした顔になったという。

それが今、各区でさまざまな取り組みが生まれるようにまでなった。

「『お互いさま・新潟』を始めた時から、『困りごと相談の電話番は、準備ができた区からその区に移してください』と言ってきました。そして２０１９年、まず西蒲区が独立して離れていきました。それぞれの地域の『助け合い社会資源』のリストアップも整理作業が進んでいます。元々ここ紫竹は、実践研修の場となればいいと思っていました。段々と困りごとの相談受付は各区へ移っていき、最終的に、ここは研修の場として残っていけばいいんです」。そう河田さんは語った。

「新潟市はダントツのモデル」

新潟市では、河田さんたちの取り組みを活かして一層と二層のＳＣたちも手応えを感じながら動き始めている。そんな新潟市の取り組みについて、全国の事例に詳しい「さわやか福祉財団」の堀田力会長はこう語った。

「２０１９年段階で見ると、全国では第一層と第二層の協議体をつくっただけで、実際の活動はこれからのところが大半です。その中で、新潟市はＳＣが機能し始めた数少ない地域です。特に政令市の中で『助け合い』のモデルは新潟市しかありません。行政規模が大きくなると縦割りになって助け合いの仕組みづくりが機能していかないし、人間同士の絆が希薄になって住民が動かない壁もある。新潟市は困りごとの実態事例をつかみ、実際の助け合いも始まっていますから、ダントツのモデルなんです」

9 「お互いさま・新潟」の今後

―安心な暮らしへ、「住民同士助け合おう」―

整ってきた「助け合い」の土台

「助け合い　お互いさま・新潟」が動き出して1年半。新潟市では、困りごとの電話相談態勢ができつつあり、「身近な地域での助け合い」の土台が整ってきた。そして、「お互いさま・新潟」の大きな狙いでもある「支え合いのしくみづくり推進員（SC）」の実践研修効果が上がっている。

一層（新潟市では各区がエリア）と二層（日常生活圏・新潟市では複数の中学校区エリア）に配置されているSCが「お互いさま・新潟」の事務局に当番で詰めることで、住民の困りごとニーズを実際に把握し、「助け合い」のつなぎ役の役割も果たせるようになってきた。

一層のSCを中心に、区ごとの「助け合い社会資源」のリストアップも進み、困りごとの電話相談では、地域の便利屋さんや移動販売などの情報もお届けすることができるようになってきた。

一方で国は、介護保険制度の第８期基本方針（２０２１～２０２３年度）の策定作業を進めている。そこには「２０２５年を見据えた介護サービス基盤の整備」などと並んで、「地域共生社会の実現」が挙げられている。

検討会の最終取りまとめには「人と人、人と社会がつながり、一人ひとりが生きがいや役割を持ち、助け合いながら暮らしていくことのできる、包括的なコミュニティ・社会を創る」との方向性が示されている。

「助け合い」を国も求めてきているのだ。これは河田さんたちが取り組んでいる方向と合致している。

「家族機能」の補完目指す

しかし、国と大きく違う点もある。国が今後は介護職などの専門職を「要介護３」以上の重度な要介護者に振り向け、「要介護２」以下の在宅介護を「元気高齢者らの有償ボランティア」に肩代わりしてもらう考えのようだ。

これに対し、河田さんたちは介護保険サービスの対象となっていない「困りごと」についても、「家に入っての助け合い」で解決を目指している。これは「失われてしまった家族機能」の補完を目指すもので、介護保険の枠を超越している。他人の家に入る時の作法とかマナー・ルールを身につける「助け合いの学校」は、これから家に入っての助け合いを求めるニーズが増大する中で、全国各地の参考になり、より重要な意味を持つだろう。

「家に入っての助け合いは、みんなが言うように全国どこでもまだやっていません。私たちも『これから、みんなでつくっていこう』と呼び掛けている最中です」と河田さんは言い、「これからの生活支援ニーズの増大を考えた時、一番の課題はランニングコストをかけずに持続可能な仕組みをつくること。それには、私たちが考える『お互いさま・新潟』のこの方式しかないと思う。だから、私たちのところに全国から視察が来るのだと思います」と河田さんは続けた。

ボランティア保険をどうする

「お互いさま・新潟」は着実に進んできたが、一直線にはいかない。協働事業のパートナーである新潟市との関係も、そう簡単ではない。

河田さんたちは「助け合いの中間経費をできるだけ掛けずに持続可能にしていく」ことを目指すが、新潟市には行政としての立場がある。

例えば「家にまで入っての助け合い」をやっていく中で事故が起きた場合の責任問題だ。新潟市の担当者は「万一に備えてボランティア保険への加入が必要」と言い、河田さんたちは「私たちの助け合いはお互いの信頼関係で成り立っている」との立場だ。この折り合いはまだついていない。国も新潟市も、「地域の包括的な安心の暮らし」を実現するための知恵が問われている。

中原市長と信頼関係を強化

「市全域で、歩いて15分以内の助け合い」を、河田さんたちは「あと1年で軌道に乗せよう」と気持ちを固め、さらに力を入れようとしている。

その時、市のトップとの信頼関係がやはり重要となる。中原八一市長は河田さんたちの取り組みを高く評価してきた。

「住民同士の助け合いが正念場に来ている」と感じた河田さんは、中原市長との面談を希望し、2020年3月中旬に実現した。折悪しく、新型コロナウイルスの感染が広がり出していたが中原市長は日程を変更せず、対応した。

「率直に意見交換ができました。私たちの取り組みをしっかりと聞いていただき、信頼感が一層増しました」と河田さん。市との協働に新たな手応えを得て、河田さんは次への活動に全力を挙げる気持ちが強まった。

新型コロナ禍で活動休止

しかし、新型コロナウイルスの影響はいよいよ全国に広がっていく。河田さんたちは相談の末、「実家の茶の間・紫竹」の居場所としての活動は同年2月下旬をもって休止することとしたが、「お互いさま・新潟」の事務局は活動を続けた。

新型コロナの感染拡大で市民に不安が広がっていく中、それを示すように「お互いさま・新潟」の相談電話は鳴る回数が増えていった。

「1年半前から、困りごとについて電話相談できる態勢をつくり、福祉関係者にも徐々に存在が知られるようになった。茶の間は閉めても、『お互いさま・新潟』の当番さんが大型連休前までは事務局に詰めてくれ、心配な方からの問い合わせにも応じられました」と河田さん。

しかし、市内各地で予定されていた「助け合いの学校」などの開催は全面的に中止となり、河田さんたちの取り組みも当面はストップせざるを得ない。支え合いのしくみづくり推進員の中には「包括ケアが本格的に動き出す２０２５年まで、もう5年もないのに活動ができない。正直、焦ります」と言う人も多いのだ。

新型コロナの感染が収まった後の日本がどんな姿、どんな雰囲気になっているのか、まだ誰も知ることはできない。

「今、医療崩壊が深刻な話題になっていますけど、２０３５年には介護崩壊しているかもしれない。私たちはそうならないように意識改革を進めて、『助け合いの気風』を新潟から広げていくため、今できることをやっていくしかないんじゃないでしょうか。住民同士が家の中に入って助け合う――そんな日が必ず来ると私は思っています」。河田さんは、そう静かに語るのだった。

「おわりに」に代えて

―「助け合い　これまで・これから」　河田珪子さんに聞く―

2025年から国は、「超高齢社会」に対応する「地域包括ケアシステム」を本格運用する。その時、新潟市初の地域包括ケア推進モデルハウス「実家の茶の間・紫竹」を運営してきた河田珪子さんたちの取り組みは、一つの〝道標〟となるだろう。本著を閉じるに当たり、長く「助け合いの気風育て」に取り組んできた河田珪子さんに、「助け合いの〝これまで・これから〟」について語ってもらった。

河田さんを駆り立てたものは？

――河田さんは33年前となる「まごころヘルプ」から始まって、さまざまな居場所づくりや助け合いに取り組んでこられましたが、自らの取り組みについてご自身では、「ずっと助け合いの気風を広げようとしてきた。ただ、それだけです」とおっしゃっています。ご自身の歩みについて、改めてお聞かせください。

河田さん　（1枚のペーパーを取り出しながら）私の原点は、この紙の中にあります。これは１９８８（昭和63）年、長岡市に住む夫の両親が認知症になり、その介護のために勤めていた大阪の介護施設をやめ、夫や子どもたちと別れて単身で新潟に帰った頃の家族状況や福祉制度についてまとめたメモです。

舅は家事や外出ができなくなって怒りっぽくなってきた。認知症が進んだ姑は糖尿病が悪化して食事・薬・金銭管理ができなくなり、濡れた洗濯物をアイロンがけし、そのまま忘れて畳を焦がし、火事を出しそうにもなったんです。徘徊も始まりました。シルバー人材センターでは対応が難しくなり、家政婦さんに昼夜24時間、家事や身の回りの世話を依頼したら、おカネがかかり金銭的にも大変になっていきました。一方、夫は転勤で東京に移り3人の子どもたちも就職や受験などでそれぞれ大変でした。

――新潟に戻られる前、大阪時代に2度、がんの手術をされたそうですね。

河田さん　夫が単身赴任した直後でした。胃がん、そして子宮がんになってしまった。それもかなり進んでいて、2度目の手術の後は集中治療室に入らざるを得ない状況でした。退院の後しばらくして、義父母の介護をすることを決め、勤めていた特別養護老人ホームに退職を伝え、新潟に戻ってきました。高齢社会に備えるため、国が「ゴールドプラン（高齢者保健福祉推進10か年戦略）」を策定した年でした。

私は、新潟市に帰ってきても抗がん剤治療のため通院しなければならず、長岡には泊まり込みで通い、義父母の介護をやり出しました。負担が限界に達してきた頃、姑の糖尿病が悪化して長岡の病院に入院しました。24時間の付き添いが必要で、私だけでは難しいため、家政婦さんにお願いし、高額の負担となりました。私は「介護される側の人生も、介護する側の人生も、どちらも大切にしたい」との思いが募っていて、その時に有償の助け合い（後の「まごころヘルプ」）を立ち上げようと、準備に入るんです。

――ご自身の病気の治療をしながら、有償の助け合いを始められたのですね。

河田さん　あの頃は、〝死にもの狂い〟だったでしょうか。昼は、「まごころヘルプ」の立ち上げ準備、夜は電車で長岡市の病院へ、そして朝、新潟に戻る――そんな生活でした。がん治療で焼け焦げになった体で、ですね。

　そんな私を新潟日報の記者さんが紙面に取り上げてくれた。その記事に心を動かされた方が集まってきてくれたんです。まごころヘルプの提供会員にも多くの方が手を挙げてくれた。女性の社会参加がちょうど始まった頃という時代性もあったと思います。

　そんな頃、書いたのがこのメモです。「自分がどんな環境にあって、どんなことを求めて（心が）弾けたんだろう」ということを整理しておこうと思った……。このメモが私の原点です。

――まごころヘルプには多くの方、特に女性たちが共感を持って参加したそうですね。

河田さん　「まごころヘルプ」は1990（平成2）年に立ち上がりました。新潟県内では初の民間の住民参加型在宅福祉サービス（互助型）としてのスタートです。

私がサービスを受ける会員第一号になり、我が家に9人の方から入ってもらい、義父母を介護してもらいました。まごころヘルプをつくっても、私が利用者第一号にならなければ、この取り組みは広がらなかったと思います。

やっぱり、「家に他人には入ってもらいたくない」「家の中のこと、恥ずかしいところを見られたくない」ですからね。だけど、私は9人に家に入ってもらった。

捨て身だったんですねえ。こうして多くの方から家に入ってもらうようになったけど、みんな考え方も趣味嗜好も信条も違う方たちですよね。それで、まごころは会員の遵守事項として、「会員相互のプライバシーをおかさないこと」などのルールを決めました。これが地域の茶の間の原点にもなります。

――そこから、「助け合いの気風広げ」が始まった……。

河田さん　私のやってきたことは、やっぱり一本道なんです。当時、国のゴールドプランが策定されて、ヘルパーの養成講座が始まった頃でした。
一方では、どんどん衰退している「家族機能」のことが見えてきた。「家族機能がなくなっていったら、お年寄りたちはどうやって生きていくんだろう」ってことが気がかりになる。それも、まごころのスタートにつながっていきました。まごころは入会金が８千円でした。
「高いですね」と驚かれるんですけど、まごころヘルプの一番の特徴は、「助け合い活動」と「研修」が両輪だったことです。

――活動の本質を理解してもらうため、研修に力を入れていたんですね。

河田さん　40時間の研修が基本でした。入会金が高いのに順調に会員が増え、2年後には３００人近い方が2千円の年会費を払ってくれました。
利用料は日常の家事援助や軽度な介護が1時間６００円、重度な介護は８００円。提供会員は受け取った料金の中から１００円を事務所経費として、まごころに収めるシステムでした。

私たちは当時、住民参加型の活動のポイントとして「自主的な運営・資金づくりを目指す」ことを挙げていました。実家の茶の間の今も、同じことを言っています。

コロナ禍が与える影響

――今回のコロナ禍は日本で3年近くになって、国は財政がさらに厳しくなった。「地域包括ケアシステム」にどんな影響を与えるでしょうか。

河田さん　影響は大きいですね。色んなことが停滞したり、地域包括ケア導入以前に戻ったりしています。

地域の茶の間も休止状態に陥ったりしているところがかなりありましたが、県の統計では思ったより回復しています。コロナ禍の影響を一番受けているのは、やはり住民で、感染した方だけでなく、濃厚接触者になれば外出もできないし、ご家族も大変です。

介護関係ではケアマネの方も事業所もみんな大きな影響を受けています。国の財政も間違いなく厳しくなっているし、自治体も大変と思う。でも、私たちの活動は「自分ごと」というか、子どもや孫たちも含め、みんなが安心して暮らし続けるためにやっています。

——財政難の中、地域包括ケアは予定通り進むのでしょうか？

河田さん　国が「２０２５年度までに地域包括ケアシステムを構築する」と言っているんですから、私たちはこれまで通りの取り組みを続けた方がいいと思う。余計なことを考えずに、ですね。

「それまでに何とか助け合いをつくっていくんだ」との気持ちで取り組んでいきたい。少なくとも私はそう考えています。

——今後「要介護1、2」は、以前「要支援」の生活支援が地方に委ねられたように、市町村が担当するようになるとお考えですか？

河田さん　ここまで家族機能がなくなっているわけですし、元に戻ることもないわけですから、「要介護」を介護保険事業から外すのは難しいと思います。家族機能がないままで、「要介護1、2」を介護保険から外したら、対象となる方は生きていけません。

でも、国は大枠を変えないにしても、できるだけのことを介護保険のフォーマルな事業ではなく、住民の助け合いなどインフォーマルの取り組みとしたいのは間違いありません。「地域共生社会」という言葉を盛んに使うようになってきていますよね。

「地域共生社会」を先取り

――国が言う「地域共生社会」ですが、これは河田さんたちが追い求めてきた方向とベクトル的には同じような気がします。

河田さん　私の場合は、ずっと「地域」というか「町内」「ご近所」という目線なんです。昔から周り近所には色んな方が住んでいらっしゃいました。腰が曲がって歩くのも不自由そうな方、知的障がいの方、精神科に通っているお隣さんとか、色んな人がいて当たり前の世界で生きてきた。

「共生社会」と言う言葉は後付けであって、自分の住んでいた世界には、赤ちゃんからお年寄りまで、障がいのある人もない人も、みんな一緒に住んでいました。今は、外国から来られた方も沢山いらっしゃいますしね。

——２０１３年に国の研究会が「地域包括ケア推進システム」を説明するための資料として示した「植木鉢と３枚の葉っぱ」の絵を今ご覧になって、どうお感じになりますか？

河田さん　植木鉢の中の土壌。これは「介護予防・生活支援」を表しているんですが、私が新潟に戻ってきた平成元（１９８９）年の頃、その土は瓦礫だらけでしたが、今は植木鉢の土が豊かになってきました。

さっきの「共生社会」じゃないけど、以前のムラ社会のイメージが残っていた私たちの世代の時に地域包括ケアの考え方が出てきて「良かった」と思っています。時代の記憶があるから。

「自助に近い互助」とは？

——河田さんはこれまでの自らの取り組みを「共助に近い互助」と、「自助に近い互助」で説明されたことがありますね。二つの違いを改めて教えてください。

河田さん　例えば、まごころヘルプは「共助に近い互助」でしょうか。みんなでおカネを出し合って、「自分が年をとった時に安心して生きていられるよう、まごころの会員になっておこう」という考え方ですね。

ＪＡさんや生協さんがやっている有償の助け合いも「共助に近い互助」です。私たちがやろうとしている「お互いさま・新潟」は、それとは違って、ただ、「助け合いの気風を広げよう」としています。

だから、「自助に近い互助」。昔ながらの隣近所の助け合いを、もう一度今の世に合わせて、何とか広げていこうとしている――そんな違いがあるような気がします。

――今休止中の「お互いさま・新潟」は、コロナ禍の前から「保険の必要性」などで協働事業者の新潟市と食い違いがあったように思います。市は「責任が絡むから保険が必要」と言い、河田さんは「隣近所の助け合いに保険は馴染まない」との立場でした。

河田さん　先ほどの質問に答えていたら、はっきりしてきましたね。共助に近い互助である「まごころヘルプ」では保険を掛けていました。

でも、自助に近い互助であるご近所の助け合いを目指す「お互いさま・新潟」に保険を掛けるのは、やっぱりおかしいでしょう。

「共助に近い互助」と、「自助に近い互助」で整理すればいいと思います。

――コロナ禍で先が見えにくい中、新潟市では２０２２年秋から実家の茶の間で「新しい保健事業」が始まりました。後期高齢者健診用の質問票に基づく健康相談の利用者の方を対象にするものですね。

河田さん　実家の茶の間に新しい役割が加わったのは嬉しいことです。9月下旬に保健師さんら4人が来てくれて、14人がチェックリストによる健康相談を受けました。

間もなく半年チェックの時期です。実家の茶の間では以前から保健師さんから定期的に来ていただいていて、介護予防の素地がありました。また、ここは茶の間の利用者だけでなく、地域の老人クラブや自治会の会合などにも開放しているので、地域の方に回覧板などで周知し、広げていくことも可能です。

「10周年まで頑張って！」と市長

――２０２２年の12月、新潟市の中原八一市長が河田さんと面談し、２０２４年の「活動10周年まで頑張ってほしい」とお話しされました。

河田さん　市のトップのお考えが明示され、「10周年まで頑張る」と意思一致したことは良かったし、ありがたかった。

そのお話を受けて私もお当番さんやサポーターの皆さんに改めて「10周年まで一緒に頑張ってくれますか」とお聞きし、全員が賛同してくれました。

――利用者にお聞きすると、「10周年までやってくれるのはありがたいし、安心できる」と歓迎する一方で、「河田さんには米寿まで頑張ってほしい」とか、「河田さんが毎回顔を出さずとも、河田チームなら事業を続けられるのでは」との反応も多くありました。

河田さん　10周年後をどうするか……。皆さん、やはり複雑のようです。

ここは茶の間としてだけでなく、地域のさまざまな方が利用してくださってますし、コロナ禍前は子ども食堂のような形でも機能していました。ここをどうしていくか？ 10周年まではまだ2年弱あります。利用者の方にも、地域の方にも一緒に考えてほしい。協働事業者の新潟市さんにもですね。

「実家の茶の間」から何を残す

――「この場所をどうしていくか？」ということと共に、実家の茶の間の取り組みを「地域包括ケア本番の時代にどうつなげるか？」が大きな課題です。

河田さん　まずは実家の茶の間がどんなことに取り組んできたか、その到達点はどこか、ここを整理する必要があると思います。このブログや関係者の記録、研究者のリポートもありますし、私自身としても整理していきたい。

「ここが何を目指し、どんなことを、どこまで取り組んできたのか」をですね。今、そのメモづくりを始めています。

――それは重要ですね。特に「お互いさま・新潟」の取り組みは、全国どこもやっていないもので、住民同士の助け合いがどこまで広げられるかの試金石でもあったと思います。

河田さん　先ほど触れたように、国は介護保険制度から外れる「インフォーマルの助け合いをできるだけ地域で頑張ってほしい」との姿勢ですし、それが「地域共生社会の基盤」ともなると思います。

実家の茶の間の活動を基に、困りごとを頼み合える関係ができたなら、新潟市は本当に住みやすいまちになるし、「モデルハウスとしても大成功だった」と言えるんじゃないでしょうか。

「お互いさま・新潟」の活動はいったん休止しているけど、私は必ず社会から必要とされる時期が来ると思っています。ですから、「この助け合いの部分をこれから新潟でどうしていくか?」――行政も、地域も、支え合い活動をやってこられた方も、みんなで考えてほしい。もちろん、私たち実家の茶の間の運営チームとしても「私たちの活動から何を残し、何を次につなげていってほしいか」を整理し、明らかにする作業に取り組んでいきたい。10周年までにですね。

――最後に「一本道を歩んできた」ご自身の取り組みについて、もう一言お願いします。

河田さん　「自分が一人になる時、なった時」を想定して、その時に、「困ったら、助けて！と言える自分をつくるのが一番大事」と私たちは言ってきました。それに尽きると思います。

　なぜ「助けて！」と言えないのか。それはやはり「恥ずかしいこと」だとか、「人さまに迷惑を掛ける」とか、色々な気持ちが出てくるからですよね。だから、「そうじゃないのよ。『助けて！』と言っていいのよ」ということをどれだけ広げていけるかだと思うんです。頼まれること、役に立てることは、本当は嬉しいことなんです。だって、そう言われたら、「あっ！　この人は、本当に私を頼りにしてくれている」と思いますよね。それは、嬉しいことじゃないですか。

　また、その一方で、自分を信頼してくれている〝その人〟は、いつか自分が困った時に頼みごとができる方にもなるでしょう。それは安心感につながります。「助けて！」と声を挙げることから、色んな効果が生まれます。

　それが「助け合いの気風広げ」なんです。そのきっかけは、まず知り合うこと、話をすること、です。

人の困りごとを見たり聞いたりすることで、心が動き、「何かしよう」との行動につながります。

その意味でも、人と知り合い、話ができる地域の茶の間は大切だと思います。私たちは、そんな当たり前のことを「実家の茶の間・紫竹」を一つの舞台にして、もっと伝えたいし、もっと広げたいと思ってきた。ただ、それだけなんです。

――助け合いについて、色々とお聞かせいただきました。ありがとうございました。

（２０２２年12月にインタビュー）

著者紹介

篠田　昭（しのだ あきら）

1948年、新潟市生まれ。上智大学外国語学部卒。1972年、新潟日報社入社。編集局報道部などを経て、編集局学芸部長、論説委員兼編集委員などを務め、2002年9月に退社。同年11月、新潟市長選挙にて初当選。以来、4期務める。2022年から新潟青陵学園理事長。主な著書に『宰相田中角栄の真実』（共著・講談社）、『新潟力～歴史から浮かぶ政令市像』『水と土の文化王国にいがた』（ともに新潟日報事業社）、『緑の不沈空母～にいがたの航跡』（幻冬舎）などがある。

幻冬舎ルネッサンス新書 262

「実家《じっか》の茶《ちゃ》の間《ま》」日誌《にっし》（2020年《ねん》2月《がつ》～2022年《ねん》10月《がつ》）
み～んなで生《い》きてこ

2023年9月8日　第1刷発行

著　者　　篠田　昭
発行人　　久保田 貴幸

発行元　　株式会社 幻冬舎メディアコンサルティング
〒151-0051　東京都渋谷区千駄ヶ谷4-9-7
電話　03-5411-6440（編集）

発売元　　株式会社 幻冬舎
〒151-0051　東京都渋谷区千駄ヶ谷4-9-7
電話　03-5411-6222（営業）

ブックデザイン　田島照久
印刷・製本　中央精版印刷株式会社

ISBN978-4-344-94589-0 C0236
幻冬舎メディアコンサルティングＨＰ
https://www.gentosha-mc.com/